있지 않은 책에 대해 말하는 법

일러두기
이 책의 판형은 120*190mm이다.
표지와 내지의 재질은 각각 올드밀 엑스트라 220g/m², 마카롱 백색 80g/m²이다.
표지 먹1도, 내지 먹1도로, 오프셋 방식으로 인쇄했다.
표지는 음각 형압을 했고, 코팅은 하지 않았다.
무선 제본으로 제작했다.
서체는 주로 윤슬바탕체, **사월심육**, Sandoll 서울이 쓰였다. 이 밖에 Courier Prime 등도 적재적소에 쓰였다.

있지 않은 책에 대해 말하는 법

2025년 4월 23일 초판 1쇄 발행

저자: 김다연, 김윤우, 김해인, 성기병, 안형욱, 이다연, 지다율
기획: 김윤우
편집: 김윤우, 지다율
디자인: 기경란
발행처: 출판공동체 편않
등록일: 2022년 7월 27일
홈페이지: editorsdontedit.com
이메일: editors.dont.edit@gmail.com
인쇄: 제일프린팅
ISBN 979-11-988733-5-4 03800

책에 실린 원고 및 디자인의 저작권은 저자와 디자이너에게 있습니다.
잘못된 책은 바꿔 드립니다.
책값은 뒤표지에 있습니다.

김다연

이다연

안형욱

김윤우

지다율

성기병

김해인

출판공동체 편않

있지 않은 책에 대해 말하는 법

— 이 책은 다양한 출판사와 분야에서 일하는 일곱 명의 출판편집자가 2024년 4월부터 9월까지 여섯 차례에 걸쳐 진행한 '있지 않은 북클럽'의 대화 내용을 바탕으로 구성되었다.
— 이 책의 제목은 피에르 바야르의 책 『읽지 않은 책에 대해 말하는 법』(*Comment Parler des Livres que l'On n'a pas Lus?*, 2007)의 제목을 패러디한 것이다.
— 입말을 살리기 위해 신조어, 합성어, 유행어, 업계 용어 등 일부 표현은 그대로 두었다. 몇몇 표현에는 이후 편집하는 과정에서 각주를 달아 뜻을 풀었다.
— 외국 인명과 지명 등은 외래어 표기법을 따랐다.
— 책 제목과 신문·잡지 등의 매체명은 겹낫표(『 』)로, 단편소설·보고서·기사·희곡·프로그램 등의 제목은 홑낫표(「 」)로, 영화·시리즈·음악·전시 등의 제목은 홑화살괄호(〈 〉)로 묶었다.

있지 않은 북클럽 규칙

1. 있지 않은 북클럽에서 나눈 이야기는 북클럽 밖에서 말하지 않는다.
1. 있지 않은 북클럽에서 나눈 이야기는 북클럽 밖에서 말하지 않는다.
1. 있지 않은 책을 대상으로 한다. 참여자는 반드시 책을 끝까지 읽어 온다.
1. "진짜요?"라고 묻지 않는다. 모두 사실이라고 생각한다. 중요한 것은 진짜인지 가짜인지가 아니라 책의 세계를 안팎으로 두루두루 거니는 것이다.
1. 한 사람 혹은 두 사람이 그날 이야기를 나눌 책과 작가를 소개한다.
1. 첫 모임 때 자기소개를 한다. 이때 사실이 아닌 내용을 반드시 하나 포함한다.

<u>참여자 소개</u>

다돈

6개월 전까지는 출판 디자이너였는데, 디자인하는 책의 내용에 자꾸만 훈수를 두게 되어서 이럴 바엔 편집자가 되기로 했다. 인문·철학 출판사에서 일하며 최근에 작업한 책은 매체철학에 관한 책이다. 영화를 좋아하지만 말을 많이 하는 영화, 예컨대 하마구치 류스케나 홍상수 감독의 영화는 싫어한다. 최근에 집에서 본 영화는 〈패터슨〉이다. 『데미안』을 읽지 않았다.

연다

편집자로서는 비문학을, 독자로서는 문학을 좋아한다. 회사가 남해에 있다(단, '남해의봄날'은 아니다). 약 7년 동안 출퇴근만 하다 보니 회사하고 거리를 두고 싶던 차, 이번 북클럽을 계기로 워케이션[⊙]을 받아 냈다. 북클럽이 진행되는 동안 서울에 임시 거처를 얻어서 지냈다. 『어린 왕자』를 읽지 않았다.

⊙ 아직 이 단어는 곳에서 쓰이를 휴가지에 일을 하는 것(swank)과 휴가(vacation)의 합성어.

오로지

8년 차 편집자. 책이 좋아서 일을 시작했는데, 책을 가까이할수록 멀어지는 느낌을 받는다. '책 좋아하는 사람을 연기하고 있다'는 콘셉트에 사로잡힌 게 아닌가 하는 생각도 든다. 잡다하고 다양한 분야의 책을 만든다. 좋게 생각하면 제너럴리스트⊙가 되고 싶고 그게 뭐 나쁜가 싶기도 하다. 러시아 문학을 주로 읽는다. 『소크라테스 익스프레스』를 읽지 않았다.

⊙ 제너럴리스트. 다양한 분야의 지식과 경험을 두루두루 가진 사람.

윤수

주로 외서를 다루며 1년에 9~10종을 작업한다. 마지막으로 본 영화는 하마구치 류스케 감독의 〈악은 존재하지 않는다〉이고 마지막으로 읽은 책은 와야마 야마 작가의 『패밀리 레스토랑 가자. 上』이다. 김훈 작가와 짧게 통화한 적이 있다. 『도둑맞은 집중력』을 읽지 않았다.

지팡이

언론사에 들어갔다가 금방 뛰쳐나왔다. 학사는 경영학이었지만 문학을 공부하겠다고 석사에 진학했다. 그 후 출판사에서 직장을 찾았다. 사장과 심하게 다투고 나와 다른 회사에서 언론 홍보 일을 하다가, 철학과 박사 과정에 진학했다. 공부하면서 독립출판을 한다. 최근에 본 영화는 〈파업 전야〉이다. 『물고기는 존재하지 않는다』를 읽지 않았다.

지호

서울에서 역사책을 만드는 출판사에서 일한다. 전공이 역사학과였고 선생님이 되고 싶었지만 교직 이수가 안 되는 바람에 방황하다가 출판계까지 왔다. 학생 때는 펜싱부에서 선수로 활동했으며 수직적이고 권위적인 조직 문화를 기피한다. 가장 최근에 본 영화는 〈파묘〉이다. 내년에 회사를 그만두고 새로운 일을 하려고 계획하고 있다. 『상실의 시대』를 읽지 않았다.

히구치

만화책 전문 편집자이다. 만화에 관한 것이라면 무엇이든 한다. 1년에 많게는 20종 정도를 내고, 15종 정도는 매년 낸다. 지난주에 마감을 했고, 이번 주에 마감을 하고 있으며, 다다음 주에도 마감을 해야 한다. 소설을 포함해 이것저것 많이 읽는 독서 모임을 대학 선배들과 함께 7~8년 정도 하고 있다. 완전 병렬 독서ⓑ를 하는 편이다. 올여름에 만화가 데뷔를 앞두고 있다. 『보건교사 안은영』을 읽지 않았다.

차례

있지 않은 북클럽 규칙 ● 5
참여자 소개 ● 7

2회 세상에서 가장 평범한 권수현 씨 ● 13
3회 엑스브이우스 ● 57
4회 뒷담 클럽 ● 107
5회 우리 안의 이방인, 신, 괴물 ● 165
6회 없는 책 ● 209

있지 않은 책과 북클럽 진행을 위한 질문들 ● 253
함께 읽으면 좋은 책 ● 255

2회

2024년 5월 21일 화요일

세상에서 가장 평범한 권수현 씨

세상에서 가장 평범한 권수현 씨

세상에서 가장 평범한 권수현 씨

세상에서 가장 평범한 권수현 씨

『세상에서 가장 평범한 권수현 씨』

(말로 프레스, 2024)

이 세상에서 가장 평범한 권수현 씨의 유년기, 사춘기와 소년기, 청년기, 그리고 사회인이 된 현재까지를 그린 한국소설로, 총 4부로 이루어진 연작소설이다.

성적도 평균, 임금도 평균, 키, 체중, 외모도 한국 30대의 표준. 직업도 평범하고 MBTI⑤도 한국에 가장 많다는 유형이다. 이처럼 모든 것이 평균이고 평범한 수현 씨는 어느 날 문득 더 늦기 전에 평평한 (평균과 평범의) 세상에서 벗어나 보기로 결심한다. 과연 권수현 씨는 어떤 평범한 삶을 살아왔으며, 어떤 평범하지 않은 삶에 도전할까.

1~3부까지는 그/그녀의 지극히 평범하고 표준적인 일생이, 4부에서는 조금씩 변화를 도모해 보는 그/그녀의 하루와 심정들이 묘사된다.

⑤ 마이어스—브릭스 유형 지표(Myers-Briggs Type Indication). 자기 보고식 성격 유형으로, 두 가지 영역을 나누는 네 지표를 중심으로 총 16가지 유형이 나온다. 한국에서는 특히 2020년대에 지나치게 유행하기 시작했다.

저자 윤현수

소설가. 1976년 출생. 무향 무취의 공기보다 바다의 짠 내가 더 익숙한 인천의 연안부두에서 태어나고 자랐다. 사람만큼 물고기와 미역이 친근하다. 대학을 나오지 않았고, 2013년 「숭어 트럭 납치 사건」으로 등단해 소설가로서의 활동을 시작했다.

종교는 없지만 타인을 돌보는 일이 나를 돌보는 일이라고 믿는다. 스무 살 중반부터 시작한 경리 일을 타성에 젖은 채 이어 가던 중에 꼴 보기 싫은 타인을 어떻게 하면 돌보고 싶어질까 고민하다가 그를 소설 속 주인공이라고 상상해 보았다. 그러자 그가 밉지 않아졌다. 그때부터 소설을 쓰기 시작했다. 고향을 떠났지만 여전히 인천에 살고, 아파트 관리사무소에서 경리직을 맡고 있으며, 과학책을 자주 읽는다. 반려견을 잃고 반려식물들을 키우고 있다.

활동 초기에는 인간과 인간의 돌봄 및 연대에 천착하여 작품을 창작했다. 실제 삶의 풍경 중 다정함이 깃든 장면에 초점을 맞추되 이를 특유의 담백하고 건조한 문체로 담아내는 것이 특징이다. 2020년 대지문학상을 받은 장편 데뷔작이자 대표작인 『싱카이 블루스』는 대륙을 넘나드는 큰 배경 속에서 아주 작고 사소한 개인들의 관계에 초점을 맞춘다.

2021년을 기점으로 인간과 비인간이 서로를 돌보고 상호 공존하는 풍경에 주목하기 시작했다. 2023년에는 「달팽이 집」으로 선인장문학상 대상을 수상했다. 소설집 『사철 푸른』(2015), 『겨울 워크샵에 관한 열 가지 공지』(2016)와 포스트 휴먼에 대한 장편소설 『솔미레』(2022)가 있으며 계절마다 해 먹는 요리에 대한 심상을 담은 에세이 『계절복음』(2019)이 있다.

윤수

오늘의 북클럽에 와 주셔서 다시 한번 감사드립니다. 한 달 좀 넘어서 만났는데, 그동안 어떻게 지냈는지 근황을 먼저 나누고 시작하면 좋을 것 같아요. 지팡이 님은 어떻게 지내셨나요?

지팡이

전 약 한 달 하고도 열흘 동안 제 정체성에 대해서 고민하는 시간을 가졌고, 제가 너무 진지하고 재미없는 친구로 낙인찍혔을까 봐 굉장히 걱정되고 후회스러운 나날을 보냈습니다. 저는 독립출판을 하면서 대학원도 다니고 있어서 학업과 생업을 병행하느라 조금 정신이 없고요. 이번 주말에는 학회 발표를 가게 되어 원고를 보느라 또 조금 정신이 없었고, 또 마감해야 하는 책과 잡지가 있는데 일정이 겹쳐서 또 조금 정신이 없는 나날을 보냈습니다. 그래서 정체성을 고치는 시간을 갖지 못했습니다. 이상입니다.

윤수

네, 잘 지내신 것 같네요. 저는 지난 한 달 사이에 스티커 작업을 했습니다. 다들 스티커 작업을 해 보셨나요? 저는 개인적으로 좋아해요.

[세상에서 가장 평범한 권수현 씨]

지팡이

머리를 비울 수도 있고요.

윤수

시간이 아주 빨리 가요. (웃음) 아무튼 이번에 스티커 작업을 한 책은 동료가 담당한 책이었는데요. 분명히 제작 전에 편집부가 모두 확인을 했고, 책이 나왔어요. 근데 저자가 어떤 부분을 좀 바꿔 달라는 거예요. 어떤 날짜가 틀렸나 봐요. 근데 틀렸는지 맞았는지를 편집자가 알 수 없는, 아주 개인적인 날짜였어요. 저자가 책이 나오고 나서야, 정말 죄송한데 스티커 작업을 좀 해 달라는 거예요.

히구치

본문에요?

윤수

네, 본문에요. 그렇게 치명적인 오류가 아니고 아주 사소한 부분인데 그걸 해 달라고 하니까, 회사 분위기가 참 안 좋아졌죠. 담당 편집자 동료는 스티커 작업을 해 본 적이 없어서 제가 프로그램을 켜서, 스티커 만들 부분 사이즈를 재서, 데이터 만들어서, 따다다다……. 아시죠? 제작처와 통화해서, 몇 밀리 간격으로 잘라 달라, 지질은 뭐로 해 달라, 빨리 해 달라…….

지팡이
몇 부였어요?

윤수
2,000부였어요.

지팡이
스티커 작업에 저자도 동원됐어요? 그럴 때도 있지 않나요?

윤수
저자는 동원되지 않았고요.

지팡이
도의적인 책임을 져야죠!

윤수
저자는 아마 돈을 줬을 거예요. 스티커 제작비랑 좀 줬겠죠. 완성된 스티커를 수령해서 파주로 갔죠. 물류창고가 파주에 있거든요. 2,000부니까 편집부 전 직원이 동원되어서 딱, 딱, 딱. 아시죠? 이게 하다 보면, 책을 펴기만 해도 스티커 붙일 부분이 딱 나옵니다. (사이) 근데 제가 그 스티커 작업을 하면서, 그리고 하고 나서 좀 생각을 해 봤는데요. 직장인 유형에 네 가지가 있다고 하더라고요. -1을 0으로 만드는 사람, 0을 1로 만드는 사람, 1을 10으로 만드는 사람, 10을 100으로 만드는 사람. 근데 생각해 보니 저는 -1을 0으로 만드는 일을 주로 해 왔던 것 같아요. 어쩌면 아주 중요한 일인데, 되게 티가 안 나는. 해 봤자 결국은 0이니까요. 그리고 10을 100으로 만들어 봤던 적은 없었던 것 같고, 0을 1로 만드는 일은 가끔 해 봤던 것 같고요. (사이) 그 외에 뭐 별다른 일은 없이 무난하게 지냈습니다. 오로지 님은 어떻게 지내셨어요?

오로지

한 달 사이에 책 두 권을 마감했고요. 두 번의 면접을 보고 두 번의 광탈⊙을 했습니다. 조금, 삶에 대한 절망을 느끼고 있습니다. (사이) 하지만 삶에 대한 절망이 있어야 삶에 대한 사랑도 있다죠. 어디서든 무엇이든 열심히 해야죠. 쉽지 않다고 해도……. (사이) 그래

⊙ 아주 빠른 속도로 빠르게 탈락하다.

[2회]

도 저 유쾌합니다. 콰하하…….

지호
일이 아닌 근황을 떠올리려고 노력했는데, 저에게도 여러 일이 있었어요. (사이) 제 잘못이기는 한데요. 저작권사에서 승인을 정식으로 내 준 적이 없다고 해서, 조금 문제가 있었습니다. 저는 확인이 다 되었다고 생각했는데…….

윤수
번역서였나요?

지호
예, 번역서였어요. 지금도 계속 소통하고 있는데요……. (사이) 외서를 하면 책을 만들 때 출판사에는 항상 마지막에 공이 오지 않습니까? 해외 저자, 해외 출판사, 해외 중개 에이전시, 국내 중개 에이전시, 국내 출판사, 그리고 그다음으로 담당 편집자에게 공이 오는데요. 이 과정을 늘 생각은 하는데요, 우리 입장에서는 이 과정을 단축해야 영업일을 하루라도 늘리고 매출을 만들어 내니까 늘 마음이 급해지죠. 그래서 저는 어느 정도 승인이 되었다고 생각을 했어요. 그리고 중간에서 저희 출판사를 배려해서 어느 정도 생략을 해 준 것 같기도 하고요. 그런 것들이 쌓이고 쌓여서 큰 사달이 난 겁니다. 그래도 공들여서 만든 책인데 판매가 멈췄고, 너무 아쉬워요. 물론 제가 일을 제대로 하지 않은 탓이죠. 더 철저하게 확인을 해야 했는데. 전적으로 제 잘못입니다. 아까 -1에서 0을 만든다는 이야기를 하셨잖아요. 그것처럼 이런 사고가 하나 발생하니까 다른 일을 해야 될 시간에 소명 자료도 쓰고 사과문도 쓰고 해야 하는 거예요. 다 해도 티는 안 나는데, 안 할 수는 없는 일들이고요. 그래서 아까 윤수 님 말에 너무 공감이 되더라고요.

윤수

그 일을 다 해야 0이 되는 거네요.

지호

0만 되어도 너무 감사한 거죠. 게다가 벌써 올해가 거의 반년이 지나가고 있는데 제가 올해에 그 책 하나 했거든요. (사이) 이 일을 할 때 편집자는 상대방에게 항상 맞춰 주지 않습니까? 타협도 하고요. 근데 에이전시도 그렇고 외국 저자도 그렇고 관계되는 모든 사람들이 이런 일이 한 번 딱 벌어지니까 굉장히 가시가 돋더라고요. 그 가시를 편집자나 편집부가 온전히 맨살로 맞아야 되고요. 이 일이 굉장히 즐겁기도 한데 이런 것들에 항상 노출되어 있다는 사실을 감각하고 나니까, 일에 대한 열망이 좀 많이 줄어들었어요. 위기? 위기라고도 할 수 있겠죠. 근원적인 해결책은 없을 테고요. 그래서 고민이 좀 깊습니다. 일에 대해서.

오로지
속상하셨겠어요.

지팡이
자주 있는 일은 아니죠?

지호
자주는 아니죠. 저도 처음이었고요. 그래도 사람들이 문제 해결을 위해서 움직이더라고요. 그냥 포기할 법도 한데, 다들 하나씩 하나씩. 그래서 회사라는 것이 또 무섭구나 하는 생각이 들었습니다. (사이) 너무 맵다.

약간의 침묵.

히구치
저도 두 권의 마감을 했는데요. 요즘 재밌는 만화를 못 봤어요. 보기는 매일 보는데 마음을 좀 흔들 만한 만화를 못 봐서, 어떤 작품이 나를 찾아올까 기다리고 있어요. 추천을 받아서 보아도 '정말 좋은 만화였어, 하지만……' 이런 생각이 들어요. 좀 사막에서 오아시스를 찾는 기분입니다.

지팡이
단 하루도 쉰 적이 없으세요?

히구치
만화 보는 거? 오아시스 찾는 거요? 그렇죠.

지팡이
그럼 사막을 만들어 보면 어떠세요? 좀 안 읽다가 보면 또 목이 마를 수도 있잖아요.

히구치
만화를 거의 습관적으로 봐서요. 혹시 추천해 주고 싶은 만화가 있으신가요?

지팡이
무시당할 것 같아요, 왠지……. 저는 어제 〈괴수 8호〉를 봤

[2회]

는데, 나쁘지 않더라고요.

히구치

다 독자에게 의미가 있는 만화인데 어떻게 무시하나요. 『괴수 8호』도 봤습니다. 음, 하지만 『괴수 8호』가 정확히 방금 말한 '재밌다, 하지만' 작품이기는 했습니다. 『괴수 8호』되게 재밌어요. 무난하게. 남자 주인공이 30대여서 신선했어요. 보통 우리가 소년만화라고 하면 그 나이대의 주인공을 생각하잖아요.

지팡이

그 설정이 저도 좋았습니다.

다든

저는 얼마 전에 전주국제영화제를 다녀왔어요. 근데 영화표를 거의 못 잡아서 사실상 영화를 곁들인 전주 여행을 다녀왔다고 봐야 할 것 같아요. 3일 동안 세 편밖에 못 봤어요. 그리고 지난번에 히구치 님이 올해 『젊작상』①을 읽는 중이라고 하셨는데, 저도 얼마 전에 다 읽었어요. 그중에서 특히 김멜라 작가 작품이 너무 좋았어요. 지하철에서 친구 기다리면서 읽다가

ⓐ 「젊은작가상 수상작품집」.

[세상에서 가장 평범한 권수현 씨]

막 울기도 했는데, 며칠 후에 회사 근처 도서관에 갔더니 작가가 강연을 한다는 거예요. 그래서 바로 신청해서 들었어요. 아니나 다를까 너무 좋았고요. 다른 분들도 꼭 읽어보세요. 「이응 이응」이라는 작품입니다. 그리고 제가 지난번에 〈패터슨〉이라는 영화를 봤다고 말씀드렸던 것 기억하시나요? 그때부터 짐 자무시 감독의 다른 영화가 보고 싶었는데 OTT에 많이 없더라고요. 근데 마침 이번에 아트하우스 모모에서 짐 자무시 기획전을 하길래 잔뜩 봤어요. 따지고 보니 '전국제' 영화보다 짐 자무시 영화를 더 많이 봤네요.

지팡이
말 많은 영화 싫어한다고 하지 않았어요? 짐 자무시 말 많지 않나요?

윤수
〈패터슨〉도 말을 넘어서 시까지 읊고 그러지 않나요?

다든
거짓말이었어요.

[2회]

지팡이

전 상처 받았는데……. 뭐라고 그러셨더라.

다든

하마구치 류스케 싫어한다고 했죠……. 사실 사랑해요.

지팡이

뭐야, 사람을 그렇게 속이시면 어떡해요.

히구치

그쵸. 영화 좋아하신다는데 하마구치 류스케를 싫어할 리가 없다고 생각했어요.

다든

그리고 내일부터 복싱을 시작해 보려고요.

지팡이

전 복싱 유단자입니다.

다든

우와, 혹시 스파링도 해 보셨나요?

[세상에서 가장 평범한 권수현 씨]

지팡이

그랬죠. 근데 은퇴했어요. 코가 부러진 뒤로.

다든

이것도 혹시 거짓말 아닌가요?

지팡이

<u>흐흐……</u>.

윤수

이제 슬슬 책 이야기를 해 볼까요? 오늘 책은 다들 읽어 오셨죠? 그러면 오늘의 책을 히구치 님이 간단하게 소개해 주시겠습니다.

히구치

카카오톡으로도 앞서 보내 드렸는데요.㉠ 『세상에서 가장 평범한 권수현 씨』라는 한국소설입니다. 다들 읽어 보셔서 아시겠지만 줄거리를 짧게 정리해 보자면, 이 수현 씨라는 분은 '세상에서 가장 평범한' 수현 씨예요. 이름도 평범한 수현 씨가 한국에서 유년기 그리고 사춘기, 청년기, 그리고 사

㉡ 지명판 저기 주제를 맡는 사람은 간단한 소개 글을 작성하여 카페글에 자행글쓰기 전에 미리처로 내용을 공유해야 한다.

[2회]

회인이 된 지금까지를 그린 한국소설이고요. 총 4부로 그려진 연작소설이기도 해요. (사이) 유튜브에 종종 '대한민국 몇 살 평균 연봉' 같은 영상이 뜨기도 하고, 커뮤니티나 SNS에서도 20대 평균 자산, 20대 평균 키, 몸무게 이런 콘텐츠를 많이 접할 수 있잖아요. 수현 씨는 그런 콘텐츠에서 이야기하는 모든 평균에 위치한 캐릭터예요. 성적도 평균이고 임금도 평균이고 키나 체중, 심지어는 대한민국 20대 남녀 얼굴 평균 이런 걸 봐도 거울을 보는 것 같은 외모를 가진, 정말 한국의 2030 MZ 세대의 평균과 표준을 맡고 있는 사람이 수현 씨입니다. 직업도 평범하고 MBTI도 평범하고 뭐 하나 특출난 게 없는 사람인데요. (사이) 이처럼 모든 것이 평범하고 평균인 수현 씨가 사회인이 되고 30대 초반과 중반을 넘어가면서 조금 더 늦기 전에 평범한 세상에서 벗어나 보기로 결심을 해요. 평균과 표준의 삶이 어떤 모습인지, 그리고 수현 씨가 앞으로는 어떤 평범하지 않은 인생에 도전할지를 그린 작품입니다.

윤수

감상을 나누기 전에 작가 소개를 듣고 이야기해 볼까요? 다든 님이 준비해 주셨습니다.

다든

오늘의 책, 줄여서 『권수현 씨』를 지은 작가는…….

윤수

다든 님이 소개 글에 이름을 빠뜨리셨더라고요.

다든

이름을 지금 말씀드리겠습니다.

지호

저도 기억이 안 나네요. 표지에 안 쓰여 있어서 몰랐어요.

다든

신비주의자라서 표지에 늘 이름을 넣지 않는다고 하네요. 윤현수라는 작가입니다.

오로지

검색하니까 나오더라고요.

다든

윤현수 작가는 1976년도에 인천의 연안 부두 부근에서 태어났는데요. 가족이 모두 뱃일을 한다고 알고 있어요. 숭어 트럭 납치 사건을 다룬 첫 번째 단편을 구상하게 된 것도 아마 그 영향이 아니었을까 싶네요. 그렇지만 윤현수 작가는 뱃일을 하고 싶지 않아서 시내에서 경리 일을 시작했다고 해요. (사이) 그런 그가 왜 소설을 쓰기로 결심했는지, 그 이유에 대한 인터뷰를 가져왔어요. 일부만 발췌해서 읽어 볼게요. "원래는 타인을 위하는 일이 나를 위하는 일이라는 믿음으로 살려고 노력했어요. 그런데 아무래도 사람을 대하는 일을 하다 보면 지치는 순간이 오잖아요. 그럴 때 어떻게 하면 꼴 보기 싫은 타인을 돌보고 싶은 마음이 들까 고민하다가, 이 사람을 한 소설의 주인공이라고 생각해 보기로 했어요. 그러면 이 사람이 이렇게 행동하고 이렇게 말하는 이유를 이해할 수 있지 않을까 하고. 그러다가 소설을 쓰게 되었네요." 네, 그렇다고 합니다. (사이) 초기작은 돌봄과 연대에 초점을 맞춘 작품들이 주였다면, 최근에는 인간과 비인간이라는 주제에 좀 더 주목하고 있습니다. 2023년에 선인장문학상을 받은 「달팽이 집」이라는 단편이 유명하고요. 파도가 사라진 세상을 배경으로 한 포스트 휴머니즘 장편소설 『솔미레』를 발표했으며, 오늘 저희가 함께 읽은 책 『권수현 씨』가 최신작입니다. 이상입니다.

[세상에서 가장 평범한 권수현 씨]

윤수

혹시 윤현수 작가를 원래 알고 있던 분이 있나요?

다든

저는 원래 팬이었어요.

     약간의 침묵.

윤수

저는 한국소설 자체를 엄청 오랜만에 읽었어요. (사이) 한국소설은 다들 좀 읽으시나요?

지호

저도 생각해 보니까 어느 순간부터 한국소설을 읽지 않은 것 같아요. 현재 다니는 회사에서 편집자로 일하면서 받은 영향이 있지 않나 싶어요. 처음에 책을 읽기 시작한 계기가 저는 군대였는데, 진중문고㉠라는 게 있어요. 진중문고에는 소설이 많거든요. 특히 한국소설이요. 정유정 작가를 비롯해서 천명관 작가⋯⋯. 그때 한창 봤죠.

㉠ 대한민국 국군의 부대 도서관이나 생활관의 책꽂이에 비치하는 책. 1년에 약 20종을 선정한다. 지중문고로 선정되면 부대 구입 용도에서 판형(46판, 128*188mm)으로 제작에 납품한다. 그 제작을 지원받기 때문에 출판계에서는 "로또"라고 불린다.

[2회]

문학동네, 이런 데서 나오는 책들요. 그런 내러티브가 주가 되는 책들을 읽으면서 자연스럽게 조금씩 넓혀 가다가 어느 순간 뚝 끊긴 것 같아요. 『百의 그림자』 정도가 마지막이었던 것 같네요. 엄청나게 오래됐어요.

윤수

잠깐……. 『百의 그림자』면 거의 10년 전 아닌가요?

지호

진짜! 물론 그 후에도 몇 권 읽었겠지만 그렇게 열성적으로, 집중적으로 읽지는 않았던 것 같아요. 그렇다고 해외 문학을 읽었나? 그것도 아니고요. 한국 문학을 텍스트로 접하고 완독한 경험은 상당히 오랜만이었어요. 그래서 『권수현 씨』가 오히려 각별했고요. 이 저자에 대해서는 이름만 들어 봤는데요. 온라인 서점에서 신간 나오면 이런 책 내는 분이구나 하고 넘어가던 정도? 저로서는 좀 생소한 주제를 다루는 작가라서요. 근데 이번 책은 시기적으로 저에게 딱 맞았는지, 대한민국 평균 30대의 삶이라는 주제가 저에게는 와닿았어요. 세일즈 포인트[6]도 굉장히 높더라고요. 그래

[세상에서 가장 평범한 권수현 씨]

서 저처럼 공감을 느낀 독자들이 많지 않았나 하는 생각이 들었습니다.

오로지

저는 원래 한국소설을 많이 읽는 편은 아니에요. 윤현수 작가가 데뷔를 되게 늦게 했잖아요? 예전에 어느 소설가한테 들은 말이 떠오르네요. "어떤 작가든 첫 작품이 가장 좋다"라는 말이었어요. 보통 작가가 데뷔할 때까지의 여러 고민들이 쌓이고, 그 누적된 고민들이 세상에 빛을 보는 게 첫 작품이니까요. 아마……적어도 20년? 그 정도의 고민이 담긴 것이 첫 작품이겠죠. 그 후로는 몇 년에 한 번씩, 짧으면 2~3년에 한 번씩 내잖아요. 그때는 사실 좀 사색의 깊이가 얕다는 말이었죠. 20년의 깊이와 2년의 깊이가 같을 수는 없겠구나. 확신은 지금도 없는데, 그 말을 여러 번 들으니까 각인이 되더라고요.

다든

너무 많이 들어서…….

오로지

(웃음) 저는 그래서인지 처음 보는 작가라면 조금 늦깎이

[2회]

데뷔한 사람을 선호하는 취향이 생겼어요. 윤 작가도 50대에 데뷔를 했고, 보니까 문창과를 나오지 않았다고, 글쓰기 스킬 같은 걸 않았다고 하거든요. 어디인가에서 인터뷰 기사를 읽었어요. 작가가 인터뷰를 많이 하는 편은 아니기는 한데⋯⋯. 기성의 문법이나 잘 팔리는 규칙 같은 게 있을 수도 있잖아요. 근데 그런 문법을 깬 작가라고 느껴져서 좋게 봤어요.

지팡이

옛날 생각이 나는군요. 대학생 때는 나름 '문청'이었습니다. 그때는 왠지 요절한 작가들에 관심이 많았어요. 근데 나이를 먹다 보니까 저도 오로지 님 말씀처럼 늦깎이 데뷔한 작가, 어느 정도 삶이 축적된 사람에게 좀 더 신뢰가 가더라고요. 박완서 선생님도 마흔에 첫 작품을 발표하셨죠. (사이) 그런데 언제부터인가 젊은 작가든 늙은 작가든 그냥 관심이 없어지더군요. 한국 문학 자체에 대해서요. 이번 기회에 다시 동시대를 호흡하는 분들의 글을 좀 더 챙겨 봐야겠다는 생각이 들었습니다. 의무적으로라도요.

윤수

이 작품은 연작소설로 총 4부로 되어 있는데요. 혹시 유난히 재밌던 부분이 있으셨나요? 저는 개인적으로 청년 시절이 재밌었는데요. 사회인 시절인 4부에서 균열이 시작되잖아요. 그 직전, 청년 시절인 3부가 저는 재밌더라고요. 술술 읽은 것 같아요.

지호

저는 앞부분이 재밌었어요. 왜 권수현 씨는 이렇게 평범이라는 개념에 주목했을까? 누가 짚어 주지 않으면 발견할 수 없는 것을 발견하게 되었을까? 집착까지는 아니지만요. 왜냐하면 평범한 사람들은 자기가 평범한 줄을 모르든 알든 그냥 살아갈 것 같아서요. 저도 그런 생각을 하고요. 언제나 특별해지고 싶지만 특별한 순간에 용기를 내지 못해서 평균의 삶에 머문 적이 많았기 때문에, 그런 장면들을 보고 싶었어요. 이 사람은 나와 다른 선택을 했을까? 그게 어느 지점에 나올까? 그리고 이런 궁금증이 독자가 계속 글을 읽게끔 만드는 힘이었지 않나 생각이 들어요. 그 지점에 대해서도 서로가 느끼는 게 또 다르겠지만요. (사이) 권수현 씨의 학창 시절 부분에 이런 장면이 나오죠. 종이에 그림이 있는데 그 그림을 가지고 상상의 나래를 펼쳐서 더 그리는, 창의력 수업이 나오잖아요. 그래서 권수현 씨가 집에서 열심히 숙제를 했고 자기가 보기에는 너무 완벽하게 했는데, 학교에 가져가서 봤더니 아무런 노력도 하지 않은 것 같지만 굉장한 천재적인 재능을 가진 짝꿍의 그림이 훨씬 더 큰 칭찬을 받아서 낙담하죠. (사이) 사실 인식하지 못하는 사람들이 많을 것 같은데, 오히려 그럴 때 열등감을 느끼는 것도 특별함의 근거이지 않나 하는 생각도 들어서 저한테 좀 힘이 되었어요. 그래. 저렇게라도 생각하는 게 어디냐. 그렇게 차곡차곡 쌓여서 변화의 에너지를 모아 가는 과정 같아서, 그 점이 앞부분에서 좀 좋았고요. 근데 이제 수현 씨가 자신의 그런 것들을 깨 나가는, 그야말로 알을 깨려는 장면이나 부분을 발견하려고 했는데, 딱히 결정적인 사건이 나오지는 않아서 저는 좀 간질간질하더라고요. 그래서 일단 저는 앞부분을 좀 더 즐겁게 읽었던 것 같습니다.

다든

저도 지호 님이랑 비슷하게 앞부분, 특히 유년기에서 사춘기로 넘어가는 과도기를 인상적으로 읽었는데요. 말씀하신 것처럼 그때가 바로 권수현 씨가 자신의 평범성을 인식하는 시기잖아요. 수현 씨는 사회의 기준으로 보면 유년기도 사춘기도 모두 평범했는데, 유년기에는 몰랐던 평범성을 학창 시절에야 인식하는 모습을 그려 낸 장면들이 되게 인상적이었어요. 아마도 언어를 배우고 사회적 규범들을 접하기 때문이겠죠? 남들의 칭찬을 듣는다거나 수업 시간에 선생님께 평가를 받는다거나 하는 것에 따라서 자신의 평범함을 인식하고, 또 그 평범함을 부정적인 속성으로 받아들이는 묘사들이 기억에 남아요.

오로지

저는 후반부가 인상적이었는데요. 앞에서는 여러 장면들이 나오는데 오히려 뒤에서는 진짜로 이 사람이 실제로 어떤 큰 사건을 만나서 변한 게 아니라, 그러니까 소설이라면 절정 부분에서 흔히 나오는 큰 충격을 받고 변한 게 아니라, 작은 마음이 변했다는 생각이 좀 들었어요. 4부 중간쯤에 나오는 문장이었나……정확히 기억은 잘 안 나는데, '평균에 닿을 수 있다는 것이 어제까지만 해도 평범한 거라고 생각했는데 오늘 생각해 보니 평균에 닿을 수 있는 것만으로도 비범하다는 것'이라고 깨닫는 구절이 있었던 것 같거든요. 저도 요즘 평균만 해도 잘하는 거 아닌가 하는 생각을 부쩍 많이 해요. 예전에는 나는 항상 잘하고 나는 항상 옳고……항상 세상을 자기중심적으로 살아온 것 같아요. 주위에서도 너는 원래 잘하는 애라는 말을 들었고요. (웃음) 근데 진짜 웃긴 게 실제로 잘한 적은 잘 없어요. 정확히 말

[2회]

하면 잘하는 '것 같은 느낌이 있는' 애였던 거죠. (사이) 생각해 보면 저는 공부를 잘했던 적이 없는데, 다들 옆에서 막 '너 잘해, 안 해서 그렇지, 하면 잘해' 하고요. 뭔가 저를 원래 잘하는 사람인 것처럼 봐 주는 거예요. 그래서 평균만 하는 정도는 좀 아쉽다고 깎아내리던 것 같아요. 나이 들어서 곰곰이 생각해 보니까 나는 꾸준하게 그냥 일관적으로 할 뿐인데 남들이 '쟤는 잠재력이 아직 안 나온 거야, 더 할 수 있는데'라고 말한다는 걸 알게 되었어요. 그래서 수현 씨가 제가 그랬던 것처럼 자기 객관화를 했다는 게 좀······ 저에게는 현실적이어서 되게 좋았어요. 기교를 부리지 않고. (사이) 보통 절정 부분에서는 큰 사건을 만나서 주인공이 '오늘부터는 어제와는 다른 사람이 되어야겠다, 나는 이제 갓생러㉠!' 이런 식으로 마무리하기 마련이잖아요. 성장물의 클리셰㉡ 같기도 하고요. 그런데 이 작품은 오히려 그런 방향보다는 스스로 대화를 했다는 점이 중요한 것 같아요. SNS 보면 다들 여행 가고 다들 좋은 회사 취직하고 다들 좋은 대학 가고 이러면서 '좋음'이 '일반' 혹은 '평균'처럼 느껴지는 경우가 많은데, 사실 많은 사람들이 그

㉠ 갓생러: '부지런하고 타의 모범이 되는 삶(生)'을 사는 사람을 뜻하는 'God'과 '러(-er)'의 합성어.

㉡ 클리셰: 영화나 소설 등에서, 진부하거나 틀에 박힌 생각 따위를 이르는 말.

[세상에서 가장 평범한 권수현 씨]

렇지는 않거든요. 우리는 스스로를 기만하고 살아왔구나, 그런 부분에 대해서 경각심을 주는 작품이 아니었나, 그렇게 생각했습니다.

히구치

저는 수현 씨가 초등학교 다니던 시절이 굉장히 인상 깊었어요. 여러분은 혹시 초등학생 때 처음 치른 시험 점수 기억나시나요? 수현 씨가 나름 첫 시험이니까 공부를 해 가지고 열심히 첫 시험을 치르잖아요. 나름 열심히 한다고 했는데 정확히 평균 72점이 나오는…….

윤수

(폭소) 그 숫자가 생각나네요. 맞아요. 맞아요.

히구치

선생님이 누구 몇 점, 누구 몇 점, 하면서 반에서 1, 2, 3등을 한 친구들은 앞으로 불러서 잘했다고 박수 쳐 주고, 좀 못한 애들은 따로 불러 가지고 보충을 시키거나 하는데, 수현 씨는 72점이니까 어느 쪽도 아닌 거예요. 선생님들은 평균 점수 받는 학생들에겐 딱히 신경 안 쓰죠. 잘하는 친구들은 더 잘하게, 못한 친구들은 따라올 수 있게 하느라 바쁘니까요.. 정확히 반의 평균점을 받은 수현 씨가 거기서 부터 이게 좋은 건가, 나쁜 건가 하는 생각을 합니다. 나도 선생님한테 한 번은 관심을 받는다든지, 칭찬을 받는다든지 그러고 싶은데 전혀 그런 것도 없고, 나의 이 애매한 점수는 뭐지, 하면서 수현 씨가 평균의 길, 표준의 길로 뚜벅뚜벅 걸어가기 시작하는데요. 그러면서 '나는 학교 다닐 때 처음 몇 점 받았지?' 했는데 기억이 안 나더라고요. 아무리 떠올려도 전혀 기억이 안 나요. 대신에 어릴 때 생각은 좀 났는데, 어릴 때 겪는 처음의 경험들을 작품이 되게 생생하게 묘사해 놓아서 재밌었어요. (사이) 그리고 어떤 보편적인 삶, 한 개인의 보편적인 특징을 다루는 소설들이 있잖아요. 『82년생 김지영』도 그런데, 한 여자가 어떻게 평범하게 한국에서 크고 작은 차별을 받으며 살았는지에 대한 이야기고요. 장강명 작가도 평범한 사람이 구조 속에서 어떻게 사건을 당하고 어떤 개인이 되어 가는가 하는 이야기를 하거든요. 그런데 윤현수 작가는 한 개인의 평범성, 그리고 그 평범성이 어떤 모습인지를 무겁지 않게, 되게 그럴듯하게 묘사해서 보통의 인간을 그리는 다른 소설들과는 또 다르게 느껴져서 되게 좋았어요. 세태소설이라기보단 그냥 사소설 같달까요? 단, 사람들마다 떠올리는 보통 사람의 이미지가 있을 거 아니에요? 윤 작가는 보통의 사람이 받을 점수가 72점이라고 생각한 거죠. 그런데 윤 작가는 이 72점을 평범한 수현 씨가 받을 수 있는, 평범한 점수처럼 묘사를 했지만, 어떤 사람은 '72점? 되게 잘한 거 아니야?' 하고 생각할 수도 있다고 생각하거든요?

다든

히구치 님이 사소설 이야기하시니까 생각나는데요. 그래서 저는 주인공 이름이 재미있었는데, 작가 본인 이름을 뒤집어서 지었잖아요. 본인을 그대로 투영했거나, 아니면 아예 자신의 반대편에 있는 인물을 창조했다는 생각이 들었어요. 그러니까 어쩌면 본인이 되고 싶었지만 되지 못했던 인간상, 이를테면 평범한 대학생이라든가 평범한 직장인을 그려 보려고 했다는……. 이 소설의 주인공 수현 씨는 평범함에 진절머리 내고 거기로부터 벗어나고 싶어 하는 사람이잖아요. 그런데 작가는 반대로, 아까 오로지 님이 독해하셨듯이, 사람들이 말하는 '평범'에 닿는 게 오히려 어렵지 않을까 하는 질문을 가지고 있다고 봐요. 평범성을 가지고 싶어서 발버둥 치는 사람들도 있다. 남들은 흔하다고, 진부하다고 하는 삶이 인생의 목표인 사람들도 있다……. 작가가 궁극적으로는 이런 이야기를 하고 싶었던 게 아니었을까요.

[2회]

지호

평범성이라는 게 정말 양면적이라는 생각이 드네요. 평범하다는 것이 굉장히 단편적으로 이해하기 쉬운 개념이라고 생각했는데, 이런 해설들을 듣고 나니까 소설 속의 수현 씨의 삶이 결코 평범하지 않다, 누군가에게는 굉장히 특별한 삶일 수 있다는 생각이 들어요. (사이) 소설에서 그리는 그 평균적인 삶이 제가 보기에는, 아까 해 주신 말씀들과 똑같은 이야기인데, 전혀 평균적인 삶이 아니었어요. 주인공은 물론 외곽이기는 하지만 서울 구축 아파트에 살고 있고 나름 부유한 가정에서 자랐거든요? 평균적인 삶을 살았다고는 하지만 아파트에서 나고 자라서 그 대단지에서 친구들과 유년 시절을 보내고 사립학교에서 공부를 하고…… 이런 삶이 저는 대단히 특수한 환경이라고 생각했어요. 그래서 '이 정도가 작가 본인이 상상하는 평균인가? 상상력의 한계 아닌가?' 하는 생각이 들어서 마음에 조금 걸렸습니다. 물론 제가 방금 언급한 부분들은 수현 씨의 외적인 조건이고 내면 묘사에 몰입해서 평균을 생각하면 또 다르겠지만, 외면과 내면은 서로 붙어 있잖아요. 에피소드마다 수현 씨의 사회·경제적 조건이 드러나는데 그때마다 몰입이 좀 깨지기도 했습니다.

히구치

그래서 이 소설이 저는 조금 문제작이라고 느껴져요. 문제가 있다는 것이 아니라 문제'작'이라고요. 권수현 씨의 이러한 삶이 평균이다, 이렇게 사는 삶이 표준이다 하고 이야기하면은, 아까 72점 말한 것처럼 72점이 안 되는 사람들은 '뭐야, 나에게는 72점도 높은 점수인데? 수현 씨가 사는 그만한 인생도 나는 못 살고 있는데?'라고 생각할 수 있죠. 또 예를 들어 수현 씨가 경기권 4년제 대학 출신으로 나오잖아요. 누군가는 '경기권 4년제 대학? 나는 경기권 4년제 대학도 떨어졌어. 나는 지금 평균도 안 된다는 거야?'라고 생각할 수 있다고 생각해요.

지호

수현 씨가 굉장히 아쉬워하잖아요, 심지어.

히구치

수능을 살짝 망쳐서 그 대학교에 갔다는 뉘앙스로 나오거든요. 사정상 재수는 못하니까 가야 했다, 이렇게 나오는데요. 그런 장면을 작가는 평범한 삶이라고 묘사했지만 그 삶의 수준에 닿지 않는, 혹은 못하는 사람들한테는 굉장히…….

오로지

성공적인 삶일 수 있죠.

히구치

네, 어쩌면 박탈감 들고 불쾌할 수 있는 소설이 될 수도 있어요. 그렇기에 수현 씨의 삶이 평범한 인생이라면서 보여 주지만, 엄청 문제적인 소설이 될 수도 있겠다는 생각이 들었습니다. 사람들이 '이 소설에 30대 MZ 세대의 평균 삶이 나와 있다는데 나도 한번 읽어 볼까' 하고 생각하는 것도 그래서인 것 같아요. 내가 이 소설의 삶 그 이상으로 살고 있는지 그 이하로 살고 있는지 확인해 보고 싶은 마음에서, 그리고 나 말고 다른 사람들은 이 소설에서 평균이라고 말하는 삶을 정말로 평균이라고 여기고 있는지 궁금해서 리뷰도 찾아보는 것 같고요. 그래서 세일즈 포인트가 높은 건가 싶었습니다.

윤수

평균, 평범, 보편······. 이런 이야기를 계속할 수밖에 없는 작품인 것 같아요. 히구치 님이 아까 작품을 소개해 주시면서, 유튜브에도 평균과 관련된 콘텐츠가 많다는 이야기를 해 주셨잖아요. 여러분들 이야기를 듣다 보니까, 수량화,

뭔가 점수를 매기고 줄을 세우는 일에 현대 사회가 좀 과몰입하고 있나⊙ 이런 생각도 저는 좀 들더라고요. 내가 '중간'은 하고 있는지를 끊임없이 자문하게 만드는 세계에 대해서 생각하게 만드는 소설 같아요.

지호

수치 이야기가 나와서 저도……. 점수라는 건 굉장히 수평적이고 단선적인 표현이죠. 근데 한편으로 저는 주인공 권수현 씨가 인식하는 시간 개념에 되게 공감이 되면서도 마음이 아팠어요. 저도 30대 후반의 나이를 지나고 있는데요. 사회적으로 특정한 나이에 해야 되는 일, 그러니까 사회가 기대하는 일 혹은 해야 마땅하다고 생각하는 일들이 있잖아요. 권수현 씨도 그에 대한 압박을 직접적으로 드러내지는 않지만 느끼는 것 같더라고요. 예를 들어서, 퇴근하고 집에 가는 길에 혼자……. (사이) 권수현 씨가 자취를 하고 있는데요. 퇴근 후 집에 가는 길에 종종 가는 데는 도서관 구내식당이거나 김밥천국이고, 가끔 기분 좋을 때면 버거킹 간다, 이렇게 쓰여 있는데, 그런 점들이 공감되는 동시에 그렇게 공감하고 있는 내가 조금 초라하게 느껴지는……것이 또 조금 초라해졌고요. 거기에 인상적인 장면이 또 나오는데요. 그 패스트푸드점 2층에서 식사를 하는데 주위를 둘러보니까 혼자서 식사하는 비슷한 또래의 사람들이 있죠. 하지만 서로 전혀 시선을 교차하지 않고요. (사이) 그래서 이 평균의 삶이라는 것이 되게 보편적인 삶이라고 느껴지지만, 한편으로는 뭐랄까요, 우리 사회, 특히 한국 사회, 이 소설이 그리는 사회에서는 '1인분'의 삶을 평균의 삶이라고 전제하고 이야기가 진행되는 것 같아서, 저 혼자 발작 버튼ⓒ이 눌린 것인지도 모르겠지만, 조금 쓸쓸해 보였어요. 그런 장면들, 그리고 그 장면을 벗어나려고 하는, 평범하면서도 특별함으로 가려고 하는 이 사람의 내면의 몸부림이 어떤가? 결국에는 1인분의 삶에서 결혼이 될 수도 있고 연애가 될 수도 있고 가족이 될 수도 있는, 그다음의 삶으로 나아가려는 것인가? 근데 그러면 그게 특별한 삶인가? 1인분의 삶 다음의 삶을 상정하는 사회적인 요구에 부응하는 것이? 그런 의문이 좀 남아서, 또 저도 같은 숙제를 안고 있는 것 같아서, 저는 좀 마음이 좀 찌릿찌릿했습니다.

다든

평범함에서 특별함으로 나아가려고 한다는 말 관련해서

[세상에서 가장 평범한 권수현 씨]

웃펐던⊙ 장면이 생각났어요. 수현 씨가 처음 MBTI 검사를 검사를 하는데 INFPⓒ가 나오잖아요. 검색해 보니까 한국에 가장 많은 유형이라고 하죠. 그래서 거기서 또 한 번 속상해하고요. 나는 MBTI마저 평범하구나 하면서요. 그래서 몇 달 후에 다시 검사를 하잖아요. 다른 유형이 나왔으면 싶어서 일부러 이전에 답했던 것과 약간씩 다르게 고르는데 또 INFP가 나오는……. (웃음)

⊙ '웃펐다'는 '웃프다'의 방언이다. 우지자 아픈 점을 재담스럽게 쓰기도 한다.

ⓒ MBTI 유형 중에 내향(Introvert), 직관(Intuition), 감정(Feeling), 인식(Perceiving)에서 "종재적인 이상"도 있다.

오로지

(웃음) MBTI는 역시 과학이다.

다둔

그래서 마지막에는 자기랑 전혀 맞지 않는 답변만 골라서 겨우 다른 유형이 나온 결과 화면을 보는 장면이 있는데, 특별해지고 싶어서 발버둥 치는 대표적인 모습처럼 보여서 기억에 남았어요. 앞에서 말씀하신 수치 이야기랑 관련해서, 성격이라는 게 단선적일 수가 없는데 MBTI가 유행하면서 완전히 카테고리로 나뉘어 버렸다고 생각하거든

[2회]

요. 물론 그 전에도 성격 분류는 존재했지만 MBTI가 보편화되면서 극심해진 것 같아요. 게다가 MBTI 사이에도 안 좋은 MBTI, 좋은 MBTI를 나누기도 하고요. 정말 사람들의 세세한 특징이 다 수치로 나뉘고 평가되는구나 싶어요.

지팡이

(사이) 근데 INFP가 제일 많아요? 제가 INFP라고 하면 사람들이 되게 이상한 사람 취급을 하던데……. 그렇다면 이상한 사람이 제일 많다는 건가요? 물론 저는 MBTI가 과학이라고 생각하지 않습니다.

윤수

제 기억에는 한국인 기준으로 제일 많다고 들은 것 같아요……. (사이) 전체적으로는 저는 유머러스하다고 느꼈고 오랜만에 읽은 한국소설이어서 반가운 마음도 있었습니다. 혹시 마지막으로 감상을 나누고 싶은 분이 계실까요? 이 말을 못 했다거나 이 이야기를 하고 싶다거나…….

다든

저 질문 하나만 할게요. 아까 저자 소개 이야기할 때 들었던 생각인데요. 다들 보통 해외 문학을 자주 읽는 편이고 한국 문학은 오랜만에 읽었다고 하셨잖아요.

지팡이

저는 그냥 문학 자체를 잘 읽지 않아요…….

다든

저는 한국 문학을 되게 많이 읽은 것에 비해서 해외 문학은 거의 안 읽어 봤거든요. 이번에 오랜만에 한국 문학을 읽었을 때 다들 해외 문학과 어떤 차이점을 느끼셨는지 궁금해요.

지호

한국 문학을 비롯한 한국 콘텐츠와 해외에서 만들어진 문학이나 콘텐츠 사이에…….

다든

네, 소재라든가 분위기 같은 면에서 한국 문학과 해외 문학이 다르다고 느끼시는지…….

지호

저는 한국 문학을 해외 문학보다 압도적으로 더 좋아했고요. 지금도 마찬가지고, 심지어 영화나 드라마도 그렇습니다. 그러니까 저는 제가 감각하고 목격하는 현실에 기반을 두는 이야기에 항상 흥미를 느끼는 것 같아요. 저에게 해외 콘텐츠는 너무 먼, 소위 SF에 가까울 정도로 전혀 공감하기가 쉽지 않은 이야기예요. 그래서 굉장히 서사성이 강한 작품은 보지만, 그 외에는 상당히 독해를 못하는 편입니다. 그래서 오히려 저는 한국 문학이 해외 문학보다 술술 편하게 읽힙니다.

오로지

저는 해외 문학을 그 이유로 되게 좋아하는데요. 사실 더 어릴 때는 한국 문학을 많이 읽었어요. 읽다 보니까 취향이 생기고 편향되기 시작됐는데, 모순적이게도 한국 문학이 쉽게 상상해 볼 수 있는 이야기여서 점점 안 읽게 됐어요. 제게 문학이라는 건 허구의 영역이기 때문에 작가가 마음껏 뛰어놀 수 있는 활자 놀이터였는데, 어느 순간 놀이터에서 놀기에는 내가 너무 커 버렸다는 생각이 들었어요. (사이) 그것도 있고, 책을 읽는다는 건 결국 엄청난 기력을 요하는 일인데, 흔히 말하는 지뢰⊙를 최대한 피하고 싶었어요. 제 시간은 소중하니까. 해외 문학

⊙ 본인의 수 없는 명징이 축지 않거나 개인적으로 불쾌한 소재, 장면 등의 개연성이.

은 어쨌든 그 나라에서도 잘 되었으니까 한국에도 굳이 굳이 번역이라는 작업을 거쳐 출간이 되었을 텐데, 그렇다면 한 번 검증된 작품이라고 생각하거든요. 돈 혹은 예술성이 안 되면 번역을 하지 않았을 것이다, 나보다 선배 편집자의 검토가 들어간 작품이니 한 번 걸린 작품을 읽는다 하는 마음? 물론 여전히 한국 문학 읽기는 합니다. 자주보다는 종종……. 종종보다는 아주 가끔…….

윤수

저는 소설 자체를 잘 안 읽어요. 책을 아주 크게는 소설과 비소설로 나눌 수 있잖아요. 그리고 각 분야가 충족해 주는 점이 다를 텐데, 저는 소설이 저에게 충족해 줄 수 있는 것들을 영화에서 다 느끼는 것 같아요. 그래서 소설까지 굳이 안 읽어요.

지호

저도 넷플릭스를 구독하기 시작하면서 소설이나 스토리를 많이 안 보게 됐던 것 같네요.

지팡이

해외 문학과 국내 문학의 어떤 내용이나 품질 차이, 혹은

[2회]

결의 차이 같은 것은 제가 잘 알지도 못하거니와 감히 말하려고 하는 것도 아닙니다만, 국내 작가의 태도랄까, 거기에 대해서 저는 조금 문제적이라고 느껴요. 물론 작가의 태도는 출판사의 태도, 혹은 독자나 대중의 태도와도 직결될 텐데요. 작가가 인터뷰 많이 하고 사진 많이 찍는 것, 특히 스튜디오에서 모델처럼 폼 잡고 찍은 사진을 책날개에 박는 것, 소위 말해서 얼굴이 전시되는 현상에 환멸을 많이 느낍니다. 지난 서울국제도서전에서 어떤 홍보대사 얼굴을 내리네 마네 한 것도, 작가의 '정치적 행위' 문제는 또 따로 다루기는 해야겠습니다만, 결국 '얼굴의 전시' 문제와 결코 무관하지 않은 해프닝이라고 보거든요. 해외 작가들에 비해 국내 작가들이 더 그런지는 잘 모르겠습니다. 모든 작가가 쥐스킨트처럼 은둔할 수는 없겠지요. 그럴 필요도 없겠고요. 하지만 저는 약간 고루해서 그런지 몰라도 결국에는 작가가 글로 승부해야 한다고, 출판사나 독자도 태도 수정이 필요하다고 생각하는 편입니다.

윤수
히구치 님은 어떠세요?

[세상에서 가장 평범한 건수현 씨]

히구치

저는 한국소설을 많이 읽고요. 한 7 대 3 정도로 읽는 것 같아요. 한국소설을 읽으면, 이 작품을 모국어로 볼 수 있어서 너무 좋다는 생각을 되게 많이 해요. 천명관의 『고래』 읽었을 때 진짜 그 생각을 많이 했거든요. 다른 언어로 쓰여서 번역을 거친 후 나에게 왔다면 절대 이 재미를 못 느꼈을 것이다, 모국어로 이 이야기를 읽을 수 있다는 게 너무 큰 행운이다, 하는 생각을 했어요. 근데 또 해외소설은 이국성이 좋아요. 전 가까운 일본만 해도 우리나라랑 되게 다르다고 느껴서 일본만 해도 이국적이라는 생각이 많이 들어요. 일본 사람들의 인내하는 성격이라든지 '메이와쿠(迷惑)'라고 부르는 민폐나 트러블을 피하려고 개성을 엄청 죽이는 성격이라든지, 그런 것만 봐도 한국과는 되게 다르다고 느끼는데, 한국과 더 먼 나라라면 그 이국성이 더 크게 느껴지고요. 그렇지만 아무래도 한국소설을 더 많이 읽는데, 특히 한국 사회랑 관련된 작품에 관심이 가요. 좀 더 나의 이야기 혹은 나랑 가까운 이야기라서 몰입이 더 쉽게 되나 보다 하는 생각을 해요.

윤수

이상으로 『세상에서 가장 평범한 권수현 씨』, 윤현수 작가의 작품에 대해서 이야기를 나누어 보았습니다. 다음 책으로 저는 일단 비소설을 생각하기는 했는데요. 어떠세요? 아니면 소설을 한 번 더 해 볼까요?

지팡이
해외 문학도 재밌을 것 같은데요.

히구치
에세이여도 좋죠.

3회

2024년 6월 20일 목요일

엑스브이우스

엑스브이우스

엑스브이우스

엑스브이우스

『엑스브이우스』(X. V. ous, 랑그에파롤, 2024)

"이것이 아니라면 무엇을 '세계 문학'이라고 할 것인가?" ―『뉴욕 타임스』

언어의 마술사로 불리며 세계의 독자를 울린 에리아크 서맥의 마스터피스, 『엑스브이우스』 국내 최초 번역 출간!

세계적인 프랑스 소설가 리엔이 세상을 떠났다. 그녀가 자기 가족과 프랑스의 리엔 독점 출판사인 에디시옹 시지프에 남긴 유언은 간단했다. "내 방 서랍에 필생의 역작이자 미발표 소설인 『엑스브이우스』가 있네. 그걸 꼭 베르베르어로 내 주게. 그 전까지 내 모든 책은 절판 상태로 두고! 내 가족들이 감시할 게야."

에디시옹 시지프 편집부는 비상사태가 된다. 입사 3개월 차 막내부터 30년 차 베테랑 편집장까지, 7명의 편집자가 모여 긴급회의를 한다. "베르베르어가 뭡니까?" "베르베르어 번역가 들어봤어?" "그냥 AI 번역기로 내 버리면 안 될까요?" 편집자들의 논의가 뜨거워질수록, 『엑스브이우스』에 담긴 비밀이 드러나는데······.

저자 에리아크 서맥(Eriac Sumac)

그녀의 아버지는 독일군이 폴란드를 침공한 해인 1939년, 프랑스 소도시 안시에서 태어났다. 그는 전란으로 가족을 잃은 뒤 스위스, 이탈리아, 튀르키예, 인도, 소련을 거쳐 전란의 근원지인 독일로 망명해 유대인들과 어울리며 유년기를 보냈으며, 1962년 모국으로 돌아와 서맥을 낳았다.

서맥은 소르본 대학교에서 기호학을 공부했고 졸업 후에 잠깐 교사 생활을 하다가 아버지가 사망하자 그 충격으로 평생을 정신질환에 시달리게 된다. 전기공 출신의 유대인 남편을 만나 평안을 되찾았으나 거듭되는 불안 증세로 괴로워했는데, 소설은 그런 서맥의 유일한 도피처였다. 1992년 모국어로 적은 첫 장편 『북쪽의 끝』으로 공쿠르상⊙ 최종 후보에 오르며 화려하게 데뷔했다. 그로부터 무려 8년이 지나 두 번째 작품 『붉은 파도 위를 걷다』를 내놓으며 유럽과 러시아에서 출간된 가장 뛰어난 문학에 수여하는 우랄산맥상을 수상했다.

⊙ Prix Goncourt. 프랑스에서 가장 권위있는 문학상 중 하나로 1903년에 시작된 최고의 문학상이다. 이 상의 상금은 그에 걸맞은 그럴 거창한 상금이 아니라, 10유로다. 10유로는 2025년 6월 60일 기준 달러화시에서 10달러, 한화로는 5,000원이다. 어쨌거나 무려 기성작가들이 받고 싶어 안달이 났다는 것이다.

2001년 뉴욕의 세계무역센터에 항공기가 충돌하며 벌어진 9·11 참사를 겪은 뒤 인간의 소통 가능성에 회의를 품고 재차 극심한 신경쇠약을 겪었으나, 이러한 모든 세상의 부조화의 근원에는 서로 통용될 수 없도록 진화한 언어의 한계가 있다고 보고 유일언어, 이른바 '제1언어'를 찾는 데 전력했다. 그녀에게 언어란 단순히 목구멍을 통해 나타내는 소리나 문자로써 표현되는 글뿐 아니라 묵언을 포함하여 자신의 생각을 타인에게 드러내고자 하는 모든 체계를 뜻했다. 이후 모든 공개 활동을 중단하고, 중세 유럽 언어를 비롯해 북아메리카의 선주민 언어, 고대 인도어의 원형을 분석해 미완성 유일어의 체계를 구성하는 데 전력했다.

『어두운 구석』, 『젊은 우체부 이야기』, 『좌표』 등 소설 집필도 꾸준히 이어 갔으며, 이러한 그녀의 활동을 두고 『뉴욕 타임스』는 "사막 한가운데의 오아시스처럼 소중하다"라고, 『삼체』를 쓴 류츠신은 "절망과 열정이라는 양 날개를 달고 언어의 우주를 떠도는 작가"라고 평했다.

2015년 이집트 여행 중 급작스러운 심장마비로 세상을 떠났으며, 7년 뒤 발견된 생전 유언장에 따라 미공개 소설집 『엑스브이우스』가 출간되었다.

윤수

바쁘신 와중에 이렇게 또 시간 내 주셔서 다시 한번 감사의 인사를 드립니다. 예전처럼 근황 공유를 먼저 하고, 책 이야기를 나누겠습니다. 지팡이 님, 어떻게 지내셨어요?

지팡이

또 제가 먼저 하나요? 지난번에도 제가 제일 먼저 했는데 재미없었고, 뒤로 갈수록 재미있어졌는데…….

윤수

이번에도 그래야 될 것 같은데, 알겠습니다. 연다 님, 어떻게 지내셨어요?

연다

저는 머무는 숙소 상태가 너무 안 좋아서 옮겼어요. 거처를 옮기느라 지난 모임에 참석을 못 했고요. 새로 옮긴 거처는 아주 만족스러워서 잘 지내고 있습니다. 딱히 특별한 일은 없었네요.

윤수

무난한 일상을 보내셨군요.

[엑스브이우스]

오로지

저도 무난하고 평탄했고요. 최근에 시흥으로 이사를 갔습니다.

윤수

시흥이요?

오로지

시흥시 목감동. 교통의 요지죠. 공기도 맑고 저수지도 있어요. 서울 마포에 살다가 가니까 건강이 좀 좋아지는 느낌이더라고요, 벌써. 공기가 확실히 달라요. 사람이 너무 많은 곳에 살다가 한적한 데로 가니까 기분도 좋아졌습니다.

지팡이

축하드립니다.

다든

저는 근황으로 여러 가지를 준비해 왔는데요.

윤수

역시, 역시.

다든

일단 다양한 것들을 배우기 시작했어요.

지팡이

그때 복싱하신다고······.

다든

제가 말했나요?

지팡이

복싱을 그다음 날부터 시작한다고 그러셨어요, 그날 기준으로.

다든

복싱을 하고 있고요. 그리고 시 쓰는 수업을······.

지팡이

대박스. ㉠

㉠ ('대박'의 어떤 의미인지 궁금해진 비짜쟁으로 이근다 다든에게서 파생된 감탄사로, '대박이다'의 의미도 간단하게 쓰인다. 단, 좋아죽는다는 지팡이 개인의 말버릇이다.)

[엑스브이우스]

다든

근데 진짜 시를 쓰고 싶어서라기보다는……. 최근에 리처드 로티 책을 읽었는데, 로티에게 가장 성숙한 시민은 시인이라고 하더라고요. 진리란 정해져 있어서 발견해야 하는 것이 아니라 자기가 만들어 가야 되는 것이고, 따라서 자기만의 언어로 진리를 포착할 수 있는 사람이 가장 성숙한 시민이다, 이런 논리였어요. 그래서 시를 한번 배우고 나만의 시어를 찾아보고 싶다는 생각이 들어서 현직 시인에게 수업을 듣고 있고요. 그리고 저한테 모욕 게임 ㉠ 1등의 영광을 안겨 줬던 『데미안』을……엊그저께 다 읽었어요.

윤수

대박.㉡

지팡이

그러면 원래 읽을 예정이었던 거예요? 그러니까 그때 읽지 않은 책 말씀하실 때에요.

〔3회〕

다든

읽을 예정은 늘……. 부채였죠. 그런 책들 있잖아요. 무조건 언젠가는 읽어야 되는데……하다가, 여기에서 말해서 좀 더 추진력을 얻기는 했네요. 읽고 나서 이게 왜 10대 필독서일까 약간 의문이 들었어요. 제가 10대 때 읽었으면 이해 못 했을 거예요.

지호

감동적이네요. 진짜 다양한 활동에 도전하신다. 쉽지 않은데 진짜 에너지가 대단하시네요.

지팡이

근데 시에 대한 갈망이 있으신 거예요, 성숙한 시민이 되고 싶으신 거예요?

다든

굳이 따지자면, 다양한 시각을 가지고 싶어요.

지호

저도 뭐 특별한 일은 없었네요. 꽤 긴 시간은 지나지 않은 것 같고 그냥 일상을 영위했던 것 같아요. 하나 떠오른 게

[엑스브이우스]

있다면, 저희 어머니가 아팠어요. 사실 저희 정도 나이의 부모님이면 편찮으신 게 오히려 일상이죠. 그래서 막 너무 슬프거나 침잠하지는 않았는데요. (사이) 그날은 뭔가 잘 풀린 하루였어요. 일이 생각보다 일찍 끝났고, 잘됐고, 집에 가서 이제 편히 쉬면 되겠거니 하는 늦은 밤이었죠. 근데 집에 가는 길에 갑자기 전화가 온 거예요. 몸이 아프시다고요. 어머니가 일을 하시거든요. 일을 안 하면 불안하다며 평생 일을 놓지 않으셨는데, 24시간 교대로 근무하는 요양원에서 일하셔요. 근데 몸 상태가 너무 안 좋다고 연락이 온 거예요. 그래서 어떡하지, 하다가 일단은 핸들을 꺾고 이제 어머니한테 갔죠. 어머니 일터로. (사이) 근데 제가 너무 걱정하는 게 좀 그러셨는지 어머니가 됐다, 이제 괜찮은 것 같다, 하시는 거예요. 그러면서 오는 길에 어머니 집에 들러서 냉동실에 보면은 늘 먹던 약이 있다, 그 약이면 될 것 같다고 하셨어요. 그 약을 가져오라고. (사이) 아무도 없는 집에 가서 냉동실을 열었는데, 세상에, 약이 너무 많은 거예요. 약이 남으면 버리는 사람도 있고, 약을 버리지 않았다가 아플 때 비상약으로 먹는 사람도 있으니까 흔한 일이기는 하죠? 근데 어떤 약인지 모르겠는 거야. 그래서 전화드려서 여쭤보았죠. 그러면서 생각해 보니까 독립하고 나서 어머니 집에 가끔 가면 항상 냉동실 어느 한 칸에 약이 가득했던 게 문득 떠오르더라고요. 무릎약, 갑상선약, 몸살약……. (사이) 내가 처해 있는 현실이 이렇구나, 언제든지 누군가가 아플 수 있구나. 현실적으로 내가 책임져야 되는 사람이 있구나, 이런 생각이 들었어요. 근데 불행하거나 그러지는 않았고요. 현실을 인식한 느낌이었어요. 누군가와 내가 연결되어 있다는 걸 오랜만에 좀 감각했고요. 내가 그렇게 마냥 한가한 삶을 살고 있지는 않구나……. 당연하죠. 모두가 그런 삶을 살고 있고, 잘못된 것도 아니니까요. 열심히 살고 일도 일이고 또 가족도 챙겨야 한다는 나름의 각오를 다지는 시간을 보냈어요. (사이) 네, 뭐 그렇고요. 그 외에 회사 업무는 요즘 좀 일이 많아서 주말에도 가끔 나가고 하는데, 그게 그렇게 막 힘들지는 않아요. 또 일이 내가 뜻하는 대로 풀리면 즐겁기도 하고요. 근데 가끔 이런 생각이 들죠. 야, 일을 빼면은 뭐가 남을까, 내 삶에서. 그래서 저도 뭔가 좀 새로운 일에 도전해 보고 싶다는 생각도 들고, 내가 언제 뭔가에 새롭게 도전했지? 이런 생각도 문득 드네요.

약간의 침묵.

[엑스브이마우스]

지팡이

진짜 이야기꾼이신 것 같아요. 진짜.

윤수

너무 빠져들어요. 제가 막 냉동실 열어 본 것 같아요.

지팡이

진짜 저 다음에 내가 뭔 말을 해야 될까……. 지호 님이 이렇게 말씀하시니까 저도 이야기를 잘해 보고 싶은 욕심이 생기는 반면, 참 저도 어떻게 보면 별게 없네요. 그러니까 일하고 학교 갔다가 일하고 학교 갔다가 드디어 종강을 했는데요. 학교를 다니면서, 뭐라고 해야 할까요, 내가 나이가 든 것을 자각함과 동시에 나이 차이가 많이 나는 분들과 뭘 도모하려는 시도를 이제 그만해야 되겠다고 느끼는 나날이었습니다. (사이) 예를 들면 이번 학기에 다른 과인 국문과에 개설된 문화 연구 수업을 들었어요. 특정 시대의 문화사를 공부하는 수업이어서 1990년대에 대해서 공부했는데, 저 빼고는 모두 2000년대생이거나 1990년대 후반생인 거예요. 그러니까 교수님이 저만 바라보면서 강의를 하는 거예요.

지호

학부생들인가요?

지팡이

아니요, 석사 과정에 바로 오신 분들이에요. 20대 중후반인 거죠. 그러다 보니까 여러 시간에 대해서, 나의 시간 아니면 그들의 시간, 그리고 공유하는 시간에 대해서 생각해 보게 됐고요. 그리고 제가 뭔가를 기획하고 사람을 만나고 모임을 도모하는 걸 좋아하는데요. 혹시 그중에 저랑 관심사가 맞는 분이 계실까 해서, 푸코를 같이 공부하는 모임을 제안해서 한 몇 개월 유지했거든요. 근데 제가 국내에 유명한 연구자를 섭외해서 세미나 특강을 기획했는데도, 단톡방㉠ 공지를 그냥 읽씹하고㉡ 아무 답도 없고 제가 계속 알림 문자를 보내도 당일이 되어서야 몇 분이 올지 겨우 알고 그랬어요. 그래서 딱 며칠 전 이야기인데, 그냥 이럴 거면 그만합시다, 하고 제가 이야기해 버린 거예요. 근데 뭔가 속이 시원하면서도……. (사이) 어쨌든 저는 그 단톡방을 나왔고요. 그 모임을 운영하면 학교에서 한 학기 동안 40~50만 원을 지원해 주는데, 지출 증빙한다고 꽤 많은 자료를 처리

㉠ 단체 카카오톡 대화방의 준말.

㉡ 읽씹: 읽고 씹다. 메시지를 읽고 무응답한다.

[엑스브이우스]

하고 그랬거든요? 이제 또 정산도 해야 되는데 그들은 이런 것도 모르고 있겠죠. 근데 막 자괴감이 들더라고요. 나는 도대체 뭐 한다고 이 사람들이랑 공부하려고, 또 가능하면 작업물을 만들어 보려고 했을까. 그런 회의가 드는 한 학기 반년이었고요. (사이) 그럼에도 일에서 만족이나 성취감을 찾자면……. 독립출판하면서 북 페어에 나가면 어떤 에너지를 얻기도 하고 소비자와 직접 만날 수 있기도 해서 웬만하면 챙기려고 하거든요. 도서전에도 작은 부스나마 책마을[㉠]에 나가고요. 아시는지 모르겠는데 군산 북 페어라고 이번에 디자인 스튜디오 프로파간다와 군산 지역의 출판사, 서점이 기획해서 첫 회를 해요. 저는 프로파간다를 평소에 관심 있게 봐 왔고 이분들이 기획하는 행사라면 좀 다를 것이라고 생각해서 참가 지원도 하고 주변에도 홍보를 되게 많이 했어요. 근데 저만 붙고 주변 분들은 다 떨어진 거예요.

㉠ 서울국제도서전 행사장 안쪽에 위치하는 독립출판·아트북 출판사(제작자) 부스.

지호

경쟁이 꽤 치열했나 보네요.

[3회]

지팡이

그랬나 봐요. 그래 가지고 뭔가, 뭔가 복합적인 감정이 드는 거죠. 기존에 활동해 온 게 뿌듯하기도 하고요. 일에서는 그래도 조금씩 뿌듯한 작업들이 쌓이는 것 같아요. 그런데 이제 공부를 하는 것에 회의가 많이 들었어……요…….

윤수

재밌었어요. 재밌었어요. 한편 저는 일상에서 인상적인 일은 없었습니다. 제가 〈나는 솔로〉……에 나간 것은 아니고요. 저는 그 프로그램을 챙겨 보지는 않았는데, 지금 20기죠?

지팡이

맞아요. 20기 어제 끝났어요.

윤수

끝났나요? 20기가 워낙 재미있다는 이야기가 많아서……. 그전에 16기도 전국적으로 관심이 많았잖아요. 그때 한 번 보고 20기가 또 재미있다고 해서 보기 시작했어요. 그런데 처음에 16기를 봤을 때는 그냥 참 기묘하다, 이 생각만 했는데 20기로 같은 포맷을 한 번 더 보니까 좀 다른 생각이

[엑스브이우스]

들었어요. 초반에 시청자한테 먼저 출연자 정보를 알려 주잖아요. 사전 인터뷰 영상도 나오고, 이름도 부여받고, 자기소개도 하고요. 근데 그 부분에 출연자의 지인이나 친구가 보내는 응원 영상이 있어요. 처음에 봤을 때는 웃기다고만 생각했는데, 가만히 생각해 보니까 그게 그냥 '옥순아, 이번에는 꼭 좋은 사람 만나' 하는 응원 메시지가 아니고, 그 정도로 출연자의 인간관계가 탄탄하고 사회적으로 평판이 괜찮다는 것을 증명하는 영상이더라고요. 일종의 영상 편지잖아요? 저는 영상 편지를 한 번도 써 본 적이 없거든요? 쓴다는 게 좀 이상하기는 한데……. 전국적으로 방영되는 영상 편지를 누군가가 누군가를 위해서 기꺼이 써 준다는 게 참 대단하다는 생각이 들더라고요. 그래서 만약 〈나는 솔로〉에 나가게 되면 나는 이걸 누군한테 부탁할 수 있을까…….

지팡이

저희가 해 드릴게요.

윤수

(웃음) 감사합니다……. 한 달 만에 만났는데 다들 무난히 지내신 것 같아서 다행이고요. 그러면 본격적으로 책 이야

기를 좀 해 볼까요? 오늘 책은 다 읽어 오셨죠? 오늘 책은 작품 소개를 오로지 님이, 그리고 저자 소개를 지호 님이 준비해 주셨어요. 일단 작품 소개부터 먼저 해 주시고 이야기를 좀 나누거나 저자 소개를 하거나 하면 좋을 것 같아요. 부탁드립니다.

오로지

세계적인 작가죠. 언어의 마술사라는 호칭을 받으면서 세계 독자를 울린 에리아크 서맥의 유작이고, 『뉴욕 타임스』는 이렇게 말했습니다. '이것이 아니라면 무엇을 세계 문학이라고 할 수 있겠는가.' 그런 책이 국내 최초로 출간되어서 같이 읽으면 좋겠다고 생각했고요. (사이) 내용을 간단하게 요약하자면 프랑스 소설가 리엔이라는 사람이 세상을 떠나는 것으로 작품이 시작됩니다. 리엔은 유언을 하나 남겼는데요. 리엔이 워낙 세계적인 작가이다 보니까 전속 출판사가 있고 유언을 집행해 주는 변호인이 있고 또 가족이 있어요. 유언은 간단했는데요. 책상 서랍에 자기가 마지막으로 쓴 필생의 역작이자 아직 발표하지 않은 소설 『엑스브이우스』가 있다, 근데 이 소설을 꼭 베르베르어로 출간해 달라, 그 전까지는 나의 모든 책을 다 판매 중단하고, 『엑스브이우스』 출간부터 해라, 그리고 가족들은 그 과정

[엑스브이우스]

을 감시해라 하는 거였어요. (사이) 그래서 에디시옹 시지프라는 리엔의 독점 출판사에서는 난리가 나죠. 큰 출판사는 아니었는데, 다양한 편집자들이 나와서 이 사태를 해결하려고 노력합니다. 베르베르어가 뭔지 모르는 사람도 있고 누구에게 번역을 맡겨야 되느냐고 고민하는 사람도 있고 그냥 AI로 번역을 돌리면 안 되냐고 하는 사람도 있고……. 그런 왁자지껄한 일상을 담은 이야기인데요. 편집자들이 이야기를 나누고 점점 이 작품을 알아 가면서 작품 안에 담긴 비밀이 좀 파헤쳐지는, 나름의 서스펜스가 있는 소설입니다. (사이) 그런데 『엑스브이우스』에는 베르베르어만 나오는 게 아니라 여러 언어가 등장해요. 그래서 번역가가 되게 많이 필요해요. 7명 정도의 사람이 모여서 머리를 싸매고 각자 아는 언어를 다 동원했는데 막히는 것도 있고 그러다 보니까 좌절을 하기도 하고요. 그런 설정이 있어서 더 재밌었습니다. 이 작품을 쓴 작가는 어떤 사람이었죠?

지호

맞아……. 여러 가지 언어가 나왔죠……. 일단은 저자 이름이 좀 특이합니다. 에리아크 서맥이고요. 서맥을 크게 두 가지의 삶, 두 가지의 작품 활동으로 나눌 수 있을 것 같아요. 저도 이번에 조사하면서 알았는데, 저희에게는 소설가로 알려져 있지만 세계의 언어를 연구하는 연구자로서도 조예가 깊다고 나와 있더라고요. 물론 우리에게 알려진, 서맥이 창시한 언어는 아직 없지만 그것을 문학으로 표현한 것 같고요. (사이) 서맥의 부모님과 관련해서는 아버지에 대한 정보만 있는데요. 우리도 한국전쟁 시기에 태어난 사람은 한국전쟁 키드라고 하듯이 유럽에도 이런 게 있겠죠? 세계대전이었던 것 같아요. 세계대전 시기에 태어나서 여러 전란기를 겪다가 다시 프랑스, 모국으로 돌아가서 서맥을 낳았고요. 서맥은 아마 좀 어려운 환경에서 자랐던 것 같습니다. 잠깐 교사 생활을 하다가 아버지가 돌아가시고 가족을 잃은 슬픔에 여러 정신적인 고통을 겪은 것 같아요. 그리고 공교롭게도 유대인 남편을 만나서 다시 평화를 찾았는데, 그 와중에 집에 머물면서 조금씩 글을 쓰던 것이 소설로 이어졌고요. 굉장히 이례적으로 젊은, 그러니까 데뷔한 지 얼마 되지 않아서 굉장히 큰 상의 후보에도 오르고 또 실제로도 여러 번 수상을 했습니다. 『붉은 파도 위를 걷다』, 『어두운 구석』, 『좌표』 등의 작품을 남겼고요. (사이) 이런 가족사 때문인지, 기억하실 텐데 2001년 9·11 테러가 있었죠, 그때 그 참사를 보고 조금 잠잠했던 마음의 통증이 다시 심해져서, 그때부터 새로운 언어를 탐구하는 삶

[엑스브이머우스]

을 시작했던 것 같습니다. 그래서 세계의 갈등과 분쟁의 모든 기원에는 영원히 소통되지 않는 어떤 불화가 존재하고 있다고 바라봤던 것 같고요. 특히 저희가 이번에 읽은 『엑스브이우스』에 서맥이 아주 직접적으로 정말 대놓고 깨달음이나 사상, 철학을 담아낸 것이 아닌가 하는 생각이 들었습니다. (사이) 2015년에 새로운 언어를 찾으러 가던 길에 갑작스럽게 세상을 떠났다고 합니다. 그 후에 미공개 원고가 발표되어서 저희가 이렇게 지금 한국어로 번역된 작품을 읽게 되었네요.

오로지

책 읽으면서 같이 나누고 싶었던 이야기가 여럿 있었는데요. 간단한 것부터 말씀드리자면, 여기 나오는 인물들이 다 편집자거든요. 그래서 그런지 이 사람들의 인간적인 면모가 되게 많이 보였어요. 그중에는 작가의 유작이니까 당연히 한 땀 한 땀 오탈자 하나도 없이 계속 교정봐야 한다는 사람도 있고, 지금 작가의 다른 작품들이 다 일시 절판되었으니 빨리 진행해야 한다, 이대로 내버려두면 월급도 안 나온다면서 현실적인 모습을 보이는 사장도 있고, 또 옆에서 그런 모습들을 보면서 '저 사람들은 왜 저러지, 나는 뭘 해야 하지, 어떻게 해야 되지' 하면서 성장하는 3개월 차 막

내도 있고요. 그래서 여러분은 이들을 어떻게 느끼셨는지가 첫 번째로 궁금했어요. (사이) 두 번째로는, 극 중에서 5년 차 편집자가 고민하는 장면이 있어요. 우선 이 베르베르어 자체가 한국에서는 되게 낯선 언어잖아요? 서맥이 이집트 여행 중에 사망했는데 베르베르어가 원래 이집트 사하라 사막의 투아레그족이 쓰는 언어거든요.

윤수
그럼 베르베르어가 실제로 있는 언어인가요?

오로지
실제로 이제 마그레브 쪽, 북아프리카 쪽에서 쓰이는 언어인데 아랍어에 가깝습니다. 제가 인상 깊었던 부분은 첫 번째 궁금증이었던 편집자 이야기와도 이어지는데요. 베르베르어가 사실 사람들이 쓰지 않으면 사라질 언어였기 때문에, 작중의 소설가인 리엔이 이 언어에 다시 생명력을 불어넣고 싶어 했다는 묘사가 나오는데, 어떤 편집자가 이렇게 말해요. 정확한 문장은 아닐 겁니다. 대충 이런 뉘앙스예요. '베르베르어에 대해 고민하면서 나는 내가 만든 책을 생각했다. 베르베르어가 사용되지 않으면 사라지는 것처럼, 내가 만드는 책도 판매되지 않으면 사실상 사라지는 것과 마찬가지 아닌가. 읽히지 않는다면, 관측될 수 없다면 생명력이 있다고 볼 수 있을까. 그렇게 생각하니 내가 만든 책은 슈뢰딩거의 고양이보다도 못하다. 그 고양이는 밈㉠이 되어 불멸하지 않던가.' 저는 어쨌든 책을 만드는 사람으로서, 책을 만들면 만들수록 사라지는 것도 있고, 내가 정말 열심히 만들었어도 사람들이 알아주지 않으면 또 절판 절차를 밟고, 그런 일들을 눈으로 보고 귀로 듣고 해서 그랬는지 감명 깊었어요. 여기에 나오는 편집자들 에피소드가 되게 많은데 어떻게 보셨는지 궁금합니다.

윤수

저도 아무래도 책을 읽거나 영화나 드라마를 봤을 때 출판사가 배경으로 나오면 더 집중해서 보게 되더라고요. 등장인물이 출판사에 다닌다거나 아니면 편집자라거나 하는 작품이 많지는 않잖아요. 그나마 많은 게 책인 것 같아요. 영화나 드라마에는 거의 안 나오고 나와도 별로……. 나는 저렇게 일 안 하는데, 이런 생각만 드는데 소설에서는 그래도 좀 다루는 것 같아요. 아무래도 소설을 쓰는 사람들이 출판사와 직접적으로 협업하니까 그런 것 같기도 하고요. 이 작품도 편집자들이 주요 역할을 하는 소설이라 재미있었고요. 프랑스 출판사는 어떻게 일하나 궁금했거든요? 근데 이 책에서 살짝이나마 볼 수 있어서 또 좋았어요. 그렇게 많이 다르지는 않나 싶으면서도 좀 다르기는 하구나, 이런 생각도 들고. 에디시옹 시지프 출판사는 제가 봤을 때 그래도 좀 규모가 큰 것 같아요.

지호
굉장히 큰 출판사 같죠?

오로지
크죠, 크죠.

지팡이
어떻게 보면 사소한 것일 수도 있는데, 『뉴욕 타임스』는 늘 과장이 심한 것 같아요. '이것이 아니라면 무엇을 세계 문학이라 할 수 있을 것인가'라니……. 그런데 이렇게 『뉴욕 타임스』가 극찬할 정도로 유명한 작가를 모르면, 저를 탓해야죠. 아, 내가 또 과문했구나. 저는 사실 이번에 처음 알

앉거든요. 이름도 이게 본명 맞나요? (사이) 내용으로 돌아가면, 'AI 번역기로 내 버리면 안 될까요' 하면서 아주 어린 신입 친구가 이야기를 하는데요. 프랑스 출판계는 이미 AI 번역이나 AI와의 협업을 많이 받아들이고 보편화했나요? 소설을 읽으면서 저는 그런 게 괜히 궁금하더라고요. 우리나라에서도 몇 년 전에 AI랑 집필했다는 책이 나왔을 때 당연히 여러 논쟁이 있었고 지금도 여러 분야·업계에서 AI에 대한 논란이 엄청 뜨거운데, 이 작품에서는 되게 당연한 것처럼 말을 해서 놀라기도 하고 프랑스는 참 선진국이구나 하고 새삼 다시 느꼈습니다.

지호

작품에 여러 가지 언어들이 나오다 보니까 번역이 일관되지 않았던 것도 같아요.

연다

번역하기 되게 까다로운 책이었을 것 같아요.

지팡이

번역도 여러 분이 나눠서 하셨잖아요. 맞죠? (사이) 공역하셨잖아요. 장별로 공역하지 않았나요?

약간의 침묵.

오로지

아, 맞아요. 맞아요.

윤수

어떻게 보면 이 작품은 국내 출판사에도 도전이었을 것 같아요. 국내 최초 번역이라는 점에서 사명감이 있었을 것 같기도 하고, 한국어로 잘 담아서 국내 독자들한테 어떻게 전달할 것인가를 고민했을 때 정말……공역이라는……방식을……?

지팡이

여러 언어가 나오니까 어쩔 수 없었겠죠.

지호

역자들 사이에서 이 프로젝트에 참여하느냐 못하느냐를 두고 굉장히 신경전이 벌어졌다고 하네요.

오로지

독이 든 성배였을 수도 있겠네요.

[엑스브이우스]

다든

저는 그게 궁금하던데요. 비중은 프랑스어가 더 높지만 다양한 소수어가 부분 부분 나오잖아요. 고료를 어떻게 결정했을까요?

윤수

그러게요. 매절이었을까요? 아니면 인세였을까요?

오로지

그런 언어를 다루는 사람은 전국에 손꼽을 정도밖에 없어서, 좀 고급 인력이라 매절이었어도 좀 비싸게 하지 않았을까 싶기는 합니다.

다든

근데 다들 작업하실 때 AI 많이 쓰세요?

지팡이

작업할 때는 안 쓰고 공부할 때 씁니다. 과제 할 때 씁니다.

지호

전 단 한 번도 쓴 적 없어요. 잘 몰라요.

[3회]

지팡이

어떻게 쓰세요? AI를 쓰시는 분들은 어떻게 업무에 활용하세요?

윤수

저는 뭘 알려 달라고 하지는 않고요. 가끔 외국어로 메일을 써야 될 때가 있는데 제가 초고를 쓴 다음에 문법적으로 정확하고 공적으로 작성되었는지 확인해 줘, 하면 그 친구가 이 표현은 이렇게 하는 게 더 좋습니다, 이런 식으로 고쳐 줘요. 그 정도 쓰는 것 같아요.

지팡이

다든 님은 쓰세요?

다든

평소에는 잘 쓰지 않는데, 번역서 작업할 때는 도움을 많이 받아요. 역자한테 물어보기 전에 먼저 확인하려고 가끔 쓰죠. 교정할 때도 종종 유의어를 쓰고 싶은데 생각이 안 날 때 물어봐요. '체계적이다'와 유사한 표현 스무 가지를 알려 줘, 이렇게요.

[엑스브이우스]

지팡이

저는 챗GPT를 올해 초부터 거의 반년 정도 썼는데, 유료 버전을 쓰거든요? 확실히 발전 속도가 빠른데 제 마음의 어떤 경계가 무너지는 속도도 엄청 빠른 거예요. 처음에는 되게 경계하면서 썼거든요. 불과 어제 일인데요. 과제 마감일이어서 급하게 참고 문헌을 확인하면서 이 주제에서 더 괜찮은 참고 문헌이 있으면 추천해 달라고 했거든요. 근데 진짜 있을 법한 학술지에 진짜 있을 법한 제목과 저자명을 알려 주는 거죠. 크로스 체크를 해 봤는데 안 나오는 거예요. 그래 가지고 한동안 챗GPT와 신경전을 벌였어요. 다시 기회 줄게, 그러면서 제가 계속 싸우고 있더라고요. 너 이러면 안 돼, 진짜 있는 것만 이야기해, 하면서. 그러니까 다른 걸 보여 주는데 검색해 보니까 또 없는 문헌인 거예요. 다시 해 봐, 했더니 처음에 보여 준 걸 또 알려 주는 거예요. 뭐 하자는 거야? 지금 다시 확인해 봐. 없다면 차라리 없다고 이야기를 해.

윤수

아니, 그렇게까지? 누구보다도 챗GPT를 존중하고 생각을 많이 하시는 것 같아요.

지팡이

처음에는 제가 챗GPT에게 존댓말을 썼어요. 몇 달은 존댓말을 썼는데 이제는 반말, 너나들이까지 합니다. 근데 이건 진짜 쓰는 사람이 되게 조심해야 되는 위험한 물건이다, 판도라의 상자이다, 이런 생각이 들었어요. 진짜 순식간일 거예요. 공부하는 사람한테도, 글 쓰는 사람한테도, 출판하는 사람한테도요.

다든

영미권에서는 특정 어휘가, 정확히 생각은 안 나는데, 아프리카 쪽에서 많이 사용하는 어휘가 영미권 전체로 퍼지고 있다는 이야기가 생각나요. 알고 보니까 인공지능을 학습시키는 사람들 중에 아프리카 사람이 많아서, 말하자면 입력되는 샘플에 아프리카에서 사용하는 어휘가 많아지는 거죠. 그렇게 개발된 AI를 영미권 사람들이 사용하니 과제나 메일 텍스트에 그런 어휘가 늘어났다는 이야기였어요. 이런 식으로 AI가 지배적인 영향을 끼칠수록 저희가 사용하는 어휘도 국한될 거고…….

지호

맞아요, 맞아요.

[엑스브이우스]

모로지

표현이 좁아지고…….

연다

한창 챗GPT가 난리 났을 때 테드 창이 AI 관련해서 해상도가 떨어진다는 표현을 썼거든요. 챗GPT에서 만들어진 정보들은 원본의 근사치에 불과하며 그것이 또다시 데이터로 쓰이고 쓰이고 하면서 언어의 해상도가 점점 떨어진다는 거죠. 그 표현이 저는 되게 와닿았어요. 그냥 이거 되게 좋은 기술 아닌가 하고 쉽게 생각할 수 있는데, 장기적으로 봤을 때 어떤 영향을 세상에 미칠지를 생각하면 해상도가 떨어질 것이라는 표현이 가장 정확하게 다가오는 것 같아요. (사이) 다든 님 이야기 들으니까 생각났는데, 저는 이 책에서 꽤 재밌었던 게 소통의 문제였거든요. '사람은 저마다의 언어가 있다'라는 문장이 책에 나오잖아요. 편집자들이 다들 모국어는 같고 각자 쓸 수 있는 제2외국어가 있는데 베르베르어라는 미지의 언어를 번역해야 되는 상황에서, 그리고 저자의 이력이나 전공, 그리고 편집자 각자가 지향하는 작업들을 보면, 결국에는 우리가 같은 언어를 쓴다고 생각하지만 사실은 언제나 소통에 문제를 겪고 있죠. 전쟁도 어떻게 보면 소통의 문제고요. 그런 지점이 저는 되게 재미있게 읽혔어요. (사이) 번역 관련해서 독자들도 많이 말하잖아요. 같은 번역 판본을 놓고도 어떤 사람은 좋다고 하고 어떤 사람은 너무 직역이라서 읽기가 힘들다고 하고요. 그런 평가나 감상을 보면, 언제나 좀 고민되는 것 같아요. 무엇이 좋은 번역인가에 대해서.

지팡이
여담인데요. 아, 제가 너무 여담 맨인가요? (사이) 제가 전기가오리를 구독하는데요.

다든
오, 저도 해 놓고 못 듣고 있어요.

지팡이
못 듣고 있다? 구독한 책을 읽지는 않으세요?

다든
아직 못 받았어요. 한 지 얼마 안 되어서요.

지팡이
여담의 여담……. 여하튼 간단히 말씀드리면, 전기가오리

운영자가 철학서 번역 기준이 엄청 깐깐한 분이잖아요. 그런데 전기가오리의 "설명 원고 읽고 가세요" 중에, 아, 이건 기존에 다른 출판사에서 나온 책, 혹은 중요하다고 생각하는 텍스트에 대한 전기가오리의 설명 원고예요. 그런데 여기에 제가 좋아하는 연구자의 번역서에 오역이 많아 추천하지 않는다고 쓰여 있는 거예요. 그래서 좀, 뭐랄까, 심경이 복잡해졌지요. (사이) 아까 연다 님도 말씀하셨지만 번역이란 무엇일까요……. 저는 언어에 대해서는 잘 모르지만 여러 맥락들이 있겠죠. 그러니까 번역에 정답이 있느냐, 그리고 오답이라고 생각하더라도 본인이 공부 모임에서만 발언하느냐, 그리고 출판물에까지 기재하느냐……이런 과정을 거쳐서 결국 저한테까지 와닿은 걸 텐데요. 저는 어쨌든 그 연구자하고도 작업을 하고 있으니까 또 복잡 미묘한 거예요. (사이) 말하다 보니 생각이 났는데요. 역서의 판본이 많은 경우, 아니면 판본은 하나인데 독자가 인터넷 서점 같은 곳에 별점과 리뷰를 남긴 경우, 아니면 전문 연구자들끼리 의견을 나누는 경우에 다 다른 무게가 있을 것 같아요. 영원히 해결되지는 않겠지만 숙제인 것 같아요.

지호

맞아요. 계속 고민해야 돼요. 제 생각에 서맥은 AI에 대해서는 비판적인 것 같아요. 극 중의 출판사가 경영난에 빠진 에피소드 기억나시죠? AI 편집팀을 따로 신설해서 시대에 맞춰 가겠다고 큰 투자를 했는데, 그 팀의 편집자들이 번역자들한테 양해와 동의를 구하고 당신이 번역한 문장과 우리가 개발한 솔루션을 통해서 번역한 문장을 비교해 보겠다고 하죠. 근데 그 역자들이 나이도 많고 시골 마을에 살잖아요. 우편도 닿기가 어려워서 그 편집자, 개발자들이 차를 타고 직접 가서 그 원고 뭉치를 전해 주는 장면이 있는데요. 서맥의 풍자가 들어간 장면이 아닌가 했어요. 기술 발달의 추이를 따라가지 못하는 출판계의 어떤 낙후된, 혹은 전통적인 시스템을 그린 장면이라 문득 떠올랐고요. (사이) 아까 해상도 말씀해 주셔서 떠올랐는데요. 저도 사실 AI 프로그램을 써 보기는 했는데, 솔직히 결과를 보고 너무 실망스러워서 더 이상 쓰지 않아요. 우리가 하는 일을 예술이나 문화 같은 단어로 치장하고 싶지는 않지만, 적어도 무수한 데이터를 통해 스스로 학습하는 기계뭉치의 지능만으로는 대체할 수 없는 일이라고 생각해요. 가장 결정적인 차이는 '의도'라고 생각하는데요. 이 세상의 모든 것에는 의도가 존재하는데 AI가 쓴 글은 마치 살균제로 깨끗하게 박멸된 느낌이랄까요. 행간에 존재하는 의도라는 것이 없이 너무 깨끗한 문장만 나열되니까 아무런 감정을 느

[엑스브이우스]

낄 수 없겠더라고요. 저는 갈등이든 충돌이든 폭력이든 혐오든, 글에는 읽는 사람을 아주 조금은 성가시게 하는 무엇인가가 들어 있어야 한다고 생각하거든요? 근데 어떤 경우에는 '이거는 도덕적으로 옳지 않아서, 또는 논란의 여지가 있어서 더 이상 작업할 수 없습니다'라고 뜨더라고요. 저는 그게 해상도 이야기랑도 연결이 되지 않을까 싶은데요. 글이라는 것은 결국 갈등을 야기하더라도 자기 의도와 어떤 그 뉘앙스를 품어야지 무엇인가가 상호작용이 된다고 생각하는데, 그게 어떻게 보면 서맥이 말하는 언어의 조건 중에 하나라는 생각도 들거든요. AI는 해상도가 낮다는 테드 창의 표현은, 바로 이런 의도가 없는 언어인 AI가 인류의 언어를 대체할 수는 없을 것이라는 논지에 바탕에 둔 것이 아니었을까 하는 생각이 문득 들었습니다.

오로지

그래서 완전히 새로운 글이 되었다는 그 에피소드가 인상 깊었는데요. '번역'이라는 걸 어떻게 생각하시나요? 보통은 '새로운 가치를 만든다, 출발어와 도착어 사이를 잇는 작업이며 그 과정에서 새로운 예술이 탄생한다'고 하는데, 저는 그걸 그때 느꼈거든요. 처음 메시지가 아예 사라져 버리면 그냥 폭력적인 것 아닌가? 번역이라는 행위 자체가 겉으로 보기에는 값지고 새로운 가치를 만들고 좀 글로벌한 느낌을 주는 일이지만, 실제로 출발어를 완전히 무시해 버리는 결과가 나올 수도 있는 거잖아요. 아까 직역, 의역 이야기도 살짝 나왔는데요. 저도 소비하는 사람일 때는 당연히 의역을 더 좋아했어요. 근데 막상 만드는 사람이 되고 외서를 만들고 원서와 대조하면서 책을 만들어 보니까 살짝 다른 생각도 들더라고요. 한 번은 해외문학을 편집하는데 쉼표가 문장마다 몇 개씩 있는 거예요. 기계적으로 뺌표를 넣다가 문득 이게 맞나 생각이 들었어요. 혹시 저자의 의도를 해치는 게 아닐까 하고요. 극단적으로 생각해 보면 작가가 쉼표 개수까지 계산했다거나……. 실제로 마르그리트 유르스나르라는 소설가 작품에 그런 요소들이 있거든요. 무튼 여러 고민 끝에! 번역문이 왜 이렇게 딱딱하냐, 왜 이렇게 직역을 했느냐 하는 비판을 들을 수도 있겠지만 그 작품에는 살리는 게 맞겠다 싶어서 살렸어요. (사이) 완전히 새로운 텍스트가 나왔다는 『엑스브이우스』의 에피소드를 볼 때도, 저도 외서를 주로 담당해서 만드는 사람이다 보니까 고민이 많이 되는 지점이었거든요. 만약에 내 손을 통해서 원작자의 의도가 완전히 훼손되고, 번역서를 보는 독자가 저자의 의도를 아예 모르는 상태로 번역된 텍스트를 본다면, 그건 내 잘못이다. 그런 생각이 좀 많이 들면서 약간 사

[엑스브이우스]

명감이 생겼어요. 그리고 그때 살렸던 작품이 출간까지 되었는데요. 최근에 너무 직역 투가 아니냐, 담당자는 일 안 하느냐, 안 읽힌다, 못 읽겠다, 그런 리뷰가 달린 걸 봤어요.

윤수

참 사람들 쉽게 말해.

오로지

퍼블릭 도메인①이어서 판본이 이미 많은 작품이었는데, 제가 이 책을 작업하면서 한 6개 판본을 대조했거든요. 어쨌든 타사 책과 표현이 겹치면 안 되니까요. 물론 완전히 안 겹칠 수야 없겠지만요. 그리고 오역도 피해야 하고요. 그래서 교차하면서 나름대로 최고의 결과물로 냈는데, 이런 리뷰가 달리니 섭섭하기는 했죠……. 하지만 모든 독자를 만족시키기는 어렵다고 생각합니다. 그래도 그 리뷰에 '구매자' 딱지가 있어서 감사히 비판을 수용했습니다. 역시 소비자 입장에서 생각하는 게 최고!

① public domain. 저작권자의 권리가 소멸되어 이용할 수 있는 영상물이나 저작물. 저작권 보호 기간이 만료되거나 저작권자가 저작권을 포기한 저작물 등이 있다. 2025년 1월 1일, 박지영 작가의 『자유이용 및』이 저작권이 만료되어 퍼블릭 도메인이 되었다.

연다

저는 약간 그런 생각도 들어요. 외서일 때, 번역서일 때, 이해가 안 되면 번역 탓을 정말 쉽게 한다고요. 특히 좀 학술적인 책은 이해가 안 되면 너무 쉽게 번역이 안 좋다고 말하는 경우들이 있죠.

윤수

원서로 읽으면 더 쉽다고도 하죠.

연다

되게 어려운 것 같아요. 그래서 저는 솔직히, 번역에 대한 독자들의 평은 그냥 넘기는 편이에요. 결국 그 문장을 읽었을 때 이해되는 정도는 사람마다 진짜 많이 다르니까요. 너무 상처받지 않으셨으면…….

모로지

오래 붙잡던 책이라 지금은 웃으면서 말하지만 상처이기는 했어요.

윤수

그 책에 영혼이 들어가서 그래요.

[엑스브이우스]

지팡이

근데 마상[¬]도 마상인데, 실질적인 피해가 갈 수도 있잖아요.

오로지

그래서 다른 서평으로 잘 덮었습니다. 스스로 교훈도 많이 얻었고…….

윤수

저는 이 작품이 작품에 대한 작품이라는 점이 좋았어요. 액자식 구성이라고 해야 되나? 소설 제목이 『엑스브이우스』인데 이 책에서 중심이 되는 작품이 또 등장하고, 그것도 『엑스브이우스』잖아요. 레이어가 겹겹이 있는 듯해서 좀 색다르다고 느꼈던 것 같아요. 이 책은 주인공인 리엔이 세상을 떠나면서 시작하는데, 리엔을 서맥이 생각했던 자신의 어떤 모습을 반영한 인물이라고 볼 수도 있을까요?

오로지

저도 되게 공감하는데요. 리엔(rien)이 프랑스어로 '아무것도 아니다'라는 뜻이거든요. 서맥이 평소에 자의식을 많이 드러내지 않는 작가였다는 것과 좀 연결이 되는 것 같아요. 그리고 제목이 되게 특이하다고 생각했어요. 그래서 제목 『엑스브이우스』에 대해서 좀 찾아봤는데요. 『르몽드』에 실린 비평이 있더라고요. 보니까 엑스(x)가 보통 컬래버레이션 할 때 쓰는 엑스(x)이고, 제목의 "vous"는 프랑스어로 '당신'이라는 뜻이거든요. 그래서 당신과 함께 만든다는 뜻이라고 해석하더라고요. 서평 기사도 편집자가 썼던데……. 저자와 편집자, 번역가가 작품을 같이 만든다는 사실을 좀 강조한 것이 아니었을까요? (사이) 좀 다른 이야기인데 아비치라는 아티스트도 생각나더라고요. 그 아티스트 곡 중에 〈X You〉라는 곡이 있어요. 아비치가 기본적인 비트를 공개하면, 그 비트에 맞게 전 세계의 참여자들이 멜로디나 다른 비트, 이펙트 등을 올리는 거예요. 그렇게 올라온 샘플들에 참여자들이 투표하고, 그 투표에서 상위에 오른 걸 아비치가 묶어서 곡을 내는 거죠. 결국 여러 사람이 함께 만든 곡이라는 사실을 〈X You〉라는 제목으로 보여 준 셈이죠.

윤수

국내 출판사에서 번역할 때 원제를 어떻게 번역할지 굉장히 고민이었겠어요.

오로지
그래서 그냥 이렇게 음차한 것 아닐까……. 맛이 좀 안 산 것 같기는 한데요.

지팡이
장고 끝에 그냥 포기한…….

오로지
그러지 않았나 싶어요.

지호
아, 원제를 그대로 두는 게 계약 조건이었다고 합니다.

윤수
아, 그래요?

지호
그래서 역자들이 아주 환호를 했다고.

오로지
어쩐지 표지에 원제가 크게 쓰여 있더라고요. 한국어 제목

보다도 커서 뭐야 했는데, 그런 이유가 있었군요.

　　　지팡이
어떻게 그 출판사가 가져간 거예요? 국내 첫 작품인데?

　　　지호
인세 경쟁이 굉장히 치열했다고 합니다. 번역서 출판권을 따낸 이 출판사는 규모가 그렇게 큰 곳은 아닌데요. 거기 출판사 사장님이 다른 사업을 하신다고 하더라고요.

　　　오로지
항공사를 갖고 있다고…….

　　　　　　　　약간의 침묵.

　　　윤수
이해가 되네요. 다들 이런 액자식 구성의 소설이나 작품을 좀 좋아하시나요?

　　　지팡이
갑자기 뭔가 떠올랐는데, 가물가물하네요. 테드 창이었나,

아니면 오르한 파묵이었나, 베르베르였나……. 어떤 시공을 왔다 갔다 하는데 결국 다 읽어 보니까 딱 소설 가운데에서 만났던 거예요. 뭔지 아시죠? 모르시겠어요? 지금 언급한 그 세 작가가 너무 다 달라서 저도 좀 머쓱한데……. 테드 창이 맞는 것 같아요.『당신 인생의 이야기』에 있는 단편 중에 하나인 것 같아요.㉠ 주인공이 시공이 완전 다른 곳에서, 아, 설명을 잘 못하겠는데, 그림으로 따지자면 왼쪽에 가령 중세가 있고 오른쪽에 현대가 있는데, 가운데에 문이 있어서……. 테드 창은 소설로 이걸 해냈다니까요? 뭔지 아시죠? 연다 님, 아까 테드 창 말씀하셨잖아요.『당신 인생의 이야기』안 읽으셨어요?

㉠ 아니다, 『숨』에 실린 「상인과 연금술사의 문」이다.

연다
아니요, 안 봤어요.

지팡이
테드 창의 **TED** 강연만 보신 거예요?

긴 침묵.

[3회]

지팡이

아무튼 저는 좋아합니다. 이거 액자식이라고 해야 되나, 메타식이라고 해야 되나.

윤수

맞아, 그러니까 메타 픽션 이런 것도 저도 엄청 좋아하는데 약간 소설 이야기를 하는 소설, 책인데 책에 대한 책……이런 것들을 재미있게 읽는 편이에요. 저는 『제5도살장』이라는 커트 보니것 작품도 생각났어요. 거기 주인공이 빌리 필그림인데, 소설 처음에 이제부터 빌리 필그림의 이야기를 할 것이다, 이런 식으로 한 겹을 더 씌우거든요. 그렇게 작품을 구성하면 재미도 재미이지만, 왜 소설이 있을까, 문학이 왜 필요할까, 이런 질문을 그 작품 자체가 던지는 느낌이 들잖아요. 『엑스브이우스』도 그런 질문을 던지는 것 같아서 흥미로웠고요. '이것이 아니라면 무엇을 세계 문학이라고 할 것인가.' 저도 이 카피를 보고 또 오바하는구나,ⓒ 하지만 동시에 편집자나 마케터가 당연히 가장 강렬한 카피로 뽑았겠구나, 싶었는데요. 근데 이 표현이 또 어떻게 보면 『엑스브이우스』랑 맞는 카피인 것 같다는 생각도 들어요. 카피가 이야기하는 것이 문학이 아니고 '세계 문

ⓒ 저부터 밑줄, '흐릿하는' 게임을 있어 지못해 생각하는 편이다.

[엑스브이우스]

학'이잖아요. 언어에 대한 이야기이고 소통에 대한 이야기인데, 그 가상의 이야기를 우리가 만들고 옮기고 또 나누면서……. 그래서 "엑스브이우스"인가 봐요. 갑자기 이해가 되네.

오로지
알면 알수록 보입니다.

다든
저는 액자식 소설은 잘 기억이 안 나고요. 영화는 몇 편 떠올라요. 〈카메라를 멈추면 안 돼!〉 아시나요? 너무 좋죠.

지팡이
진짜 좋아요.

다든
그리고 〈체리 향기〉도요. 제가 봐 온 액자식 구성 작품들은 대부분……작품을 만드는 이들을 탐사하고 싶어 하던 것 같아요. 『엑스브이우스』도 한편으로는 편집자가 주인공인 소설이기도 하고요. 사실 작품 밖에 있는 사람들은 아무도 모르잖아요.

지호

언어를 다루는 이들에 대한 존경심을 담은 게 아닌가 하는 생각이 드네요.

연다

류츠신이 이 작품에 대해서 '절망과 열정이라는 양 날개를 달고'라는 표현을 썼잖아요. 저는 여기에 절망이 있는 게 참 좋았거든요. 우리가 소통을 할 때 열정만으로는 절대 가능하지 않고 언제나 절망할 수밖에 없잖아요. 그래서 이 추천사가 이 작품을 설명하는, 되게 정확한 말이었다고 생각해요.

다든

저는 테드 창 이야기하셔서 그런지 계속 〈컨택트〉 생각이 났어요.

지팡이

저도 〈컨택트〉 좋아합니다.

다든

『엑스브이우스』 마지막에 베르베르어를 할 수 있는 사람을 구하잖아요. 근데 그 사람과 대화해 본 사람들이, 이 사람은 뭔가 우리랑 생각하는 방식이 약간 다르다는 식으로 언급하거든요. 영화 〈컨택트〉에서도 외계인의 언어를 배운 사람이……스포일러㉠를 해도 될까요?

지호
너무 옛날 영화라 괜찮습니다.

윤수
한 10년 된 것 같아요. 10년까지는 아닌가?

지팡이
지호 님은 더 옛날 영화 말하는 거 아니에요?

윤수
아닙니다. 그 작품은 아예 1990년대 영화입니다.㉡

오로지
〈컨택트〉가 그 포스터에 무슨 타원 나오는

영화죠?

다든

맞아요. 그 언어를 익힌 주인공이 시간을 완전히 다르게 인식하게 되죠. 이 소설도 우리가 쓰는 언어가 우리의 인식 체계를 바꾼다는 이야기를 같이 하는 것 같아서 되게 인상 깊었어요. 같은 상황이라도 나와 다른 언어를 쓰는 사람은 전혀 다르게 인식할 수 있겠구나, 하고.

지호

작품에서 언어만 다루지 않고 물리학 이야기도 되게 많이 나오고 철학 이야기도 되게 많이 나오잖아요. 그래서인지 약간 비문학처럼 읽히기도 했어요. 저자 본인이 연구했던 것들을 중간중간에 서사와는 상관없이 줄줄 푼 부분들이요. 영화 〈컨택트〉가 정말 레퍼런스[n] 영화겠다는 생각도 드네요. 전혀 다른 두 문명권의 만남을 극화했다는 점도 그렇고요.『엑스브이우스』라는 기상천외한 책을 인류 최고의 지성들이 모인 이 에디시옹 시지프 편집부에서 해석해 내고 발견하는 그 과정이…….

[n] reference. 참고로 아니다 영향을 받은 다른 작품.

[엑스브이우스]

지팡이
이것도 영화화된다고요?

오로지
(사이) 예. 나온다고 하더라고요. 영화가 아니고 드라마라고 합니다.

지호
근데 너무 지적인 드라마가 될지도 모르겠네요. 〈삼체〉나 〈컨택트〉도 어느 정도는 스릴러 요소가 있는데, 『엑스브이우스』는 어떻게 풀지 굉장히 궁금하네요.

오로지
판권이 좀 비쌌다고 하니까 어떻게든 메우려고 좀 포장을 잘 해서 재미가 없어도 재미있는 척, 생각보다 잘 안 뽑혀도 명작인 척하지 않을까 싶습니다.

다든
7명의 편집자 사이에 어떤 정치적인 갈등을 넣으면…….

[3회]

오로지

상하관계가 역전되기도 하고…….

윤수

그러게요. 기대되네요. 감독이 누가 될지도 궁금하고요.

[엑스브이우스]

4회

2024년 7월 12일 금요일

뒷담 클럽

뒷담 클럽

뒷담 클럽

뒷담 클럽

『뒷담 클럽: 출판인 32명의 이야기』(끝책, 2024)

"말하기도 지겹지만 출판은 망했다."

vs. "다들 망했다는데, 그냥 본인이 망한 것 아닌가 싶고."

vs. "모두가 안다. 출판이 망했다는 걸. 하지만 그래서 다시 시작될 것이다."

떠났거나, 머물렀거나, 떠났다가 다시 돌아온 32명 출판인들의 업계 뒷담, 또는 한담

2022년 10만 명, 2023년 13만 명, 2024년 15만 명. 매년 증가한 서울국제도서전 방문자 수이다. 2013년 이후 지속적으로 감소하는 국민독서율과 매년 계속되는 출판시장 하락세에도 불구하고 2022년을 기점으로 도서전은 인산인해를 이루기 시작했다. 도대체 왜? '출판은 망했다'는 자조 섞인 목소리가 들려오는 여기에서, 사람들은 왜 다시 모이기 시작하는가? 출판인들은 출판이 왜 망했고, 또는 왜 망하지 않았고, 또는 왜 다시 시작될 것이라고 말하는가? 출판의 현재는 어떠한가?

1년 차 신입부터 30년 차 베테랑까지, 뒤도 돌아보지 않고 떠난 탈(脫)출판인부터 돌고 돌아 다시 출판인이 된 사람까지, 32명의 출판인들이 목소리를 모았다. 그러나 그

목소리는 결코 한 가지를 말하지 않는다. 출판은 망했다고 거침없이 선언하는 문학 편집자 A, 출판은 망하지 않았고 결코 망하지 않을 것이라고 조심스레 희망을 그리는 디자이너 B, 출판은 망했지만 어쨌든 여기에서 다시 시작될 것이라고 의지로 낙관하는 마케터 C……. 32인의 목소리들을 요약하자면 크게 이 세 가지 틀로 좁혀진다.

각각의 목소리들은 매우 첨예하고, 낯 뜨겁게 솔직하다. 가령 8년여 동안 주로 사회과학서를 편집하다가 업계를 떠나 현재는 바리스타로 살아가는 D는 탈출판을 결심하게 되기까지 겪었던 부당함과 내상을 고발하고 고백하며, 그 온갖 일들과 연관된 실제 인물을 호명하는 데 자신에게 주어진 지면 전부를 할애했다. 과연 그러한 일은 D만의 특수한 '불행'이었을까? 한편, '출판의 현재', 나아가 '미래'를 논한다는 것 자체에 회의적 시각을 내비치는 이도 있다. "미래는 어차피 모르고. 망하든 망하지 않든 뭐가 다시 살아나든 난 이것으로 생계를 유지해야 한다. 그 과정에서 가끔 보람을 느끼는 정도면 된다. 일에서 거창한 사명감을 찾을수록 피곤해지는데, 출판인들은 그게 특기이다."

각자의 진단과 근거들, 희망과 절망, 냉소와 열정 사이에서 당신은 무엇을 보게 될까? 한국 출판의 현재가 여기에 있다.

편저자 지겨울

평론 쓰는 편집자가 되고 싶었지만, 평론도 편집도 잘 하지 못하는 사람이 되었다. 문학을 공부할 때 가장 듣기 싫었던 말은 '시를 쓰지 못한 사람이 소설을 쓰고, 소설도 쓰지 못한 사람이 평론을 한다'였고, 출판사 입사를 준비할 때 가장 듣기 싫었던 말은 '작가가 되지 못한 사람이 편집자가 된다'였다. 정작 출판사에 다닐 때에는 은퇴한 정재계 인사들의 회고록을 주로 편집했으며, 회사를 나와 독립출판을 시작한 뒤로는 출판계에 대한 작업물을 만들고 있다. 「평론가는 평론하지 않아요」, 「그저, 궁금하지 않구나」, 「我, 不知」 등의 소설도 평론도 아닌 글을 발표했으며, 글에 대한 유일한 자부심은 석사논문이 지방대 교수에 의해 표절당했다는 사실뿐이다. 언젠가 영화를 만들겠다는, 또 허망한 꿈을 꾸고 있다. 겨울마다 『연구에 의한 죽음 하나』를 읽으며, 언젠가 『자본』을 통과(痛過)하기를 꿈꾼다.

편집자 김운율

하기 싫은 것들을 제하다 보니 편집자가 되었다. 유명하지도 안 유명하지도 않은 출판사에서 일하며, 간간이 다른 이름으로도 책을 만든다. 이른바 '포스트 휴먼 시대'에, '인간을 혐오하는 휴머니스트'를 자처(自處)한다. 이름과 달리 시도 음악도 싫어하며, 좋아하는 것은 오직 영화, 그 중에서도 성장 영화뿐이다. 책 만들 때에는, 자기소개가 긴 저자를 기피한다. 그러니 여기까지. 최근 읽은(만든) 책은 『오규학준의 주변머리』.

윤수

벌써 저희가 네 번째 모였네요. 지난번보다 좀 더 빨리 만난 것 같아요. 지난번에는 거의 한 달 만에 봤는데 이번에는 한 3주일 만이죠? 그동안 어떻게 지내셨는지 간단하게 근황을 나누고 책 이야기를 해 보겠습니다. 지호 님은 도서전에 다녀오셨나요? 어떻게 지내셨어요?

지호

도서전 이야기를 해도 재밌겠네요. 저는 매년 그래도 구경은 가는데요. 불교 출판사……아니, 아니, 불광 말고, 이름이 기억이 안 나네요. (양 검지로 작은 사각형을 그리며) 요만한 책을 팔더라고요. 조그만 책 보셨어요, 혹시? 부스는 벽 쪽에 있었는데 책값이 500원이었어요, 500원. 책값이 500원짜리, 1,000원짜리……. 계좌 이체만 받으셨는데요.

윤수

스님이 계셨나요?

지호

스님 계셨죠. 저는 종교는 없는데, 집에 보면 오래된 책들이 있잖아요, 정체불명의. 그중에 무슨 『법구경』, 『금강경』

이런 거를 보면 좋은 내용이 많아서 가끔 막 마음에 위로가 될 때가 있는데요. 그래서 거기에서 그런 책들을 막 잔뜩 샀죠. 매대에서 500원짜리, 1,000원짜리 책을요. 근데 그게 너무 부담되지 않고 기분이 좋더라고요. 그냥 뭔가 이렇게……뭐라고 그러죠? 공양한다고 그러나요? 보시인가요? 하여튼 그런 기분도 들고요. 거기 계시던 분도 종교에 귀의하신 분인데 대화도 나누고 했어요.

윤수
재미있는 경험이었네요.

지호
예전에는 막 화려하고 그런 부스를 자주 갔던 것 같아요. 뭔가 참고할 게 있을까 하면서요. 근데 매년 가다 보니까, 이게 참 뭐랄까, 오히려 종사자들은 좀……뭐랄까요? 적응하기가 오히려 더 힘들다고나 할까요? 도서전은 매년 더 화려해지는데……. 오히려 평소에 잘 못 보던 곳들이 눈에 띄어 가지고 외곽을 많이 봤던 것 같습니다. 올해는 유독 사람도 많았다고 하는데요.

[뒷담 클럽]

윤수

그러게요.

지팡이

어머님은 괜찮으세요?

지호

어머님, 아주 정력적으로 일을 하고 계십니다.

지팡이

다행입니다.

윤수

정말 다행입니다. (사이) 지팡이 님은…….

지팡이

저는 도서전에 조그마한 부스를 차려서 참여했는데 정말 괴리감을 많이 느꼈습니다. 관람객이 역대급⊙으로 많이 왔다고 하던데 그분들이 저희 부스로 온 것은 아니기 때문에 책을 아주 못 팔아서 마상을 입었고요. 병원에 가 보니까 마음에 감기가 걸렸다고 하

⊙ 역대 사에 대ㅐ로 많ㅇ느ㄴ 맏ㄴ항 '녀ㄱ이라는 뜻의 신조어.

[4회]

더군요. 그래서 약을 먹기 시작했는데 그래서인지 몹시 졸리더라고요. 그래서 지금 한 1~2주일째 계속 가수면 상태입니다.

연다
그럼 좀 줄여야 되는 거 아니에요?

지팡이
그래요?

연다
네.

지팡이
제가 알아서 줄여도 돼요?

연다
아뇨, 아뇨. 다음에 병원 갈 때…….

지팡이
아, 다음에……. 다음 진료 갈 때 한번 물어는 볼 건데 약간 일상생활이 안 될 정도로……쉽지 않아요. 일단 뭐 그렇습니다. 연다 님은요?

연다

저도 도서전 참가해서 그 주에 3일은 부스를 지켰고요. 그러고 나서 한 1주일은 후폭풍이 와서 그냥 출근을 하는 둥 마는 둥 하는 와중에, 편집해야 하는 원고가 2,000매더라고요.

윤수

아찔하네요.

연다

초고를 계속 보고, 그냥 계속 일만 했던 것 같아요. 그래서인지 도서전 이후로 좀 시간 감각이 이상해졌고, 시간이 어떻게 지나갔는지도 모르게 바쁘게 지낸 것 같습니다. 다든 님은요?

다든

저는 휴가를 좀 일찍 다녀왔어요. 도서전 바로 전주에, 도쿄에 3박 4일로 다녀왔고요. 진보초 고서점 거리를 구경하고 싶었는데, 그날 비가 와서 제대로 보진 못하고……츠타야 서점 아세요?

윤수

책이 있었던 것 같은데요, 츠타야 서점을 잘 베껴보자……그런.⊙

다든

가는 곳마다 츠타야 서점이 있길래 자주 들렀는데 되게 멋있더라고요. 한번 가 보시기를 추천드려요. 그다음 주에는, 저는 그냥 관람객 신분으로 도서전에 갔습니다. 거의 모든 부스를 다 둘러봤는데요.

지팡이

무슨 요일에 오셨어요?

다든

토요일이요.

지팡이

어떻게 된 거지? 저 아마 토요일 오후에 있었는데요. 다든

[뒷담 클럽]

님을 못 본 것 같아요.

다든

아, 저는 오전에 갔어요. 들어가자마자 지팡이 님 부스가 있었는데……. 원래는 나오면서 다시 들르려고 했는데 그날 사람이 진짜 많았던 바람에 한 바퀴 딱 둘러보고 빠르게 퇴장했어요. 유명한 출판사 부스들은 미어터져서 오히려 평소였으면 지나쳤을 것 같은 곳들을 들르게 되어서 좋았어요. 몰랐던 책들을 많이 알게 된 기회였어요. 그래도 전체적으로 사람이 너무 많아서 힘들기는 했어요. 자판기 물도 다 나갔더라고요.

윤수

거의 매일 품절이어서 안 채워 놓는 것 같아요.

다든

제일 판매율 높았던 게 창비 카페였대요.

윤수

그래요? 역시 물장사…….

[4회]

연다

물장사가…….

오로지

저는 도서전에 안 갔어요. 여러 이유가 있는데, 첫 번째는 여러분들의 본모습을 보고 싶지 않았고 신비주의를 지키고 싶어서……라는 핑계를 지금 막 생각했고요. (웃음) 원래 사람 많은 데를 별로 안 좋아해요. 그런데도 재작년까지는 갔는데, 별거 없네, 이런 생각을 갈 때마다 하더라고요. 스스로 속고, 속고, 또 속냐, 이런 생각을 매년 반복하다 보니까…….

윤수

속인 사람은 없어요.

오로지

뭔가 스스로에게 속는 느낌이 드는 거? 올해는 다를 거야, 올해는 또 새로운 거 봐야지, 이런 생각으로 가는데 매번 됐다, 이러고 나왔던 기억이 많이 나요. 그래도 많은 분들이 인스타그램 이런 데에 후기를 남겨 주셔서 간접적으로 체험을 많이 했고 만족하고 있습니다. 그리고 지금 감기에 걸려서 컨디션이 안 좋고요. 그 외에는 별일 없었습니다.

히구치

저는 도서전에 일하러, 금요일에 잠깐 갔는데요. 딱히 재미를 못 느꼈어요. 벌써 몇 년째 일하러 가서 그런 거 같아요. 저희 부스에서는 시집이 제법 잘 나가서 계속 재고 채우다가 정해진 근무 시간이 다 되었길래 집에 왔어요.

윤수

진짜 일만 하셨구나.

히구치

모처럼 오신 분들이 재고 없어서 못 사고 돌아가시면 안 된다고 생각하니…….

윤수

지팡이 님 마음 찢어지는 소리가 들리는데요.

지팡이

시집을 하나 내고 싶네요.

[4회]

히구치

대부분의 독자들이 도서전에 와서 뭔가 엄청 두껍고 어려운 책 사 가자 하는 마음은 아니실 거라고 생각해요.

윤수

근데 빈손으로 가기에는 또 아쉽고요.

히구치

그렇게 막 그렇게 비싸지 않으면서, 얇고 가볍고, 또 책 디자인이나 색도 예쁘고. 딱 그런 게 시집이라 그런지 많이들 찾아 주신 것 같습니다. 기뻐요. 그래서 시집 재고를 열심히 채우다가 집에 돌아왔죠.

윤수

저도 도서전에 갔었는데요. 저는 평소에 길 지나다니다가 우연히 사람을 만나는 경우가 거의 없거든요.

지팡이

본인만 못 알아보는 거 아니에요?

[뒷담 클럽]

윤수

제가 못 알아보는 것도 있고, 관심이 없는 것도 있고……. 근데 이번 도서전에 사람이 엄청 많이 왔잖아요. 그래서 그런지 제가 아는 사람을 우연히 만났어요.

다든

저도!

오로지

두 분이 서로 만나신 거 아니에요?

윤수

다든 님 아니었고요, 한 10년 만에 만난 사람이었어요. 제가 전에 알고 지내던 친구 같은 동생인데요. 그사이에 연락을 한 번도 안 했거든요. 그래서 막 너무 반갑다, 어떻게 지내냐, 뭐 이런 이야기를 나눴는데, 한 10년 전에 같이 대학을 다녔거든요. 근데 그 친구가 학교를 자퇴했다는 거예요. 그래서 약간 걱정이 되었죠. 그래서 지금은 어떻게 지내냐 했더니 회사에 들어가서 영업팀 대리로 일을 잘 하고 있다는 거예요. 그래서 다행이다 했는데 곧 퇴사할 생각이라는 거예요. 그래서 또 걱정이……. 계획이 있느냐 물었더니 음

악을 하고 싶대요. (사이) 래퍼를 하고 싶다고……. 그래서 응원을 해 주고 헤어졌죠. 정작 궁금했던 건 '래퍼가 되고 싶은 친구가 도서전에 왜 왔을까'였는데……. 그걸 왜 못 물어봤을까. 근데 너 도서전에 왜 왔니, 이렇게 할 수 없잖아요……. 도서전 이야기하니까 약간 우울하네요. 책 이야기나 할까요?

지팡이
책 이야기는 좀 안 우울했으면…….

윤수
오늘 이야기 나눌 책은 『뒷담 클럽』입니다. 연다 님께서 간단하게 한 번 더 소개해 주시면 좋겠습니다.

연다
『뒷담 클럽』은 최신간이고요. 도서전이 끝남과 거의 동시에 출간된 신간이라서 다들 읽는 데 시간이 좀 빠듯하지 않으셨을까 싶어요. 이 책은 말 그대로 32명의 출판인들의 글을 모아서 펴낸 책입니다. 업계에 대한 각자의 목소리들이 담겨 있고, 이게 모였을 때 또 만들어지는 시너지가 있잖아요, 체계라는 걸 통해서. 뭔가 출판의 현재를 좀 같이 보자는 의도에서 기획된 책이라고 저는 이해했고요. (사이) 근데 좀 독특한 점은 현업 종사자뿐 아니라 떠난 사람들의 목소리를 같이 담았다는 거예요. 항상 이 업계에서 되게 열심히 일하고 되게 뛰어난 성과를 낸 사람들이 주로 책을 내는데, 이 책에는 이 업계에 어떤 이유로든 왔다가 떠난 사람들의 이야기를 담아내는 게 중요한 지점이었던 것 같고, 업계 종사자로서 출판계를 입체적으로 생각해 보게 해 주는 책이 아닌가 싶습니다. (사이) 자조 섞인 목소리도 있고 되게 조심스럽게 희망을 보는 사람도 있고 망하기는 했지만 어쨌든 다시 시작될 거라고 낙관하는 사람도 있고, 여러 목소리가 담겨 있는 책이고요. 노동 관련해서부터 출판 시장의 흐름이라든가 독자의 변화까지 다양하게 고민해 볼 수 있는 책이 아니었을까 싶어요.

윤수

공저자가 많아서 지팡이 님이 정리하기 힘드셨을 것 같은데요. 저자 두 분을 간단히 소개해 주시고 왜 이 두 분을 뽑으셨는지도 같이 말씀해 주시면 좋을 것 같아요.

지팡이

일단 이 책 자체가 32명의 공저자 이야기인데, 저자마다 담당 편집자가 붙어서, 그러니까 공편자라는 말이 있는지 모르겠는데, 그런 식으로 작업해서 결국에는 이 책 한 권에 개입해서 같이 작업한 사람이 64명이나 되었고요. 또 그것을 표지에 일일이 적었다는 점이 굉장히 강렬하고 인상적이었습니다.

약간의 침묵.

지팡이
아시는지 모르겠는데 옛날에 『김수영을 위하여』라는 강신주 철학자의 책을 김서연이라는 편집자가 같이 만들었다고 해서, 표지에 '만든 이'로 저자 이름과 병기되었는데요. 그게 또 그렇게 크게 이야기될 만한 일인가 싶었는데, 언론에서 꽤 많이 다루었거든요. 저도 그때 인상 깊게 받아들였고……. (사이) 근데 이건 64명을, 저자 64명이 아니라 같이 일한 편집자 32명까지 같이 적었다는 게 인상 깊었고, 그럼에도 이제 그 64명을 다 소개하기에는 제가 조금 쉽지 않고, 왜냐하면 AI의 힘을 빌리지 않고 하기 때문이죠. 그래서 결국엔 편저자로 참여한 지겨울 씨와 책임 편집자 김운율 씨 두 분 소개를 준비했습니다. (사이) 둘은 같은 출판사에서 만났는데요. 지겨울은 지금 출판사를 나와서 작업을 하고 있고, 김은율 씨는 다른 출판사로 옮겼습니다. 둘은 종종 같이 작업하는 것으로 알려졌습니다. 다른 사항은 여기 쓰여 있는 내용 참고하시면 되겠습니다.

윤수

일단 이 책 자체를 완전히 다른 나라 이야기처럼 읽기는 어렵더라고요. 저는 아무래도 업계 안에 있는 사람이다 보니까요. 근데 이렇게 엄청나게 많은 사람들이 같이 만들었다는 데에서 힘이 좀 느껴지더라고요. 출판계 하면 떠오르는 생각들이 대표적으로 몇 가지 추려질 수 있잖아요. 망했다, 안 망했다, 뭐 이런 식으로……. 근데 저자를 30명 넘게 섭외함으로써 어떻게 보면 아주 다양한 스펙트럼을 한 권에 담고자 했던 시도 아니었을까 이런 생각이 좀 들었어요. (사이) 그리고 당연하다면 당연하게 가장 공감이 가는 꼭지도 좀 있었어요. 예를 들어서 '난 이걸로 가끔 보람을 느끼는 정도면 된다. 거창한 사명감을 찾을수록 피곤해진다.' 저는 이 부분이 굉장히 마음에 와닿았고 혹시 내가 썼나, 이런 생각이 들더라고요. (사이) 혹시 지호 님은 유난히 마음에 남았던, 아니면 공감이 되었던 꼭지가 있으셨나요?

[4회]

지호

여기 있는 분들도 다 마찬가지겠지만, 편집에 대한 책들, 또 편집자가 쓴 글들은 참 눈길이 가죠. 그 내용이 어떻든지 간에요. 그래서 평소에도 책이 나오면 다 읽지 못해도 서점에 가서 우연히 발견하면 굉장히 반갑기도 하고요. 근데 이 책은 제가 출간 소식도 모른 채 이번에 부랴부랴 읽었어요. 일반 출판사에서 나온 게 아니라, 어떻게 합심을 해서 기획된 프로젝트라서, 더 기대를 하고 읽었죠. (사이) 에피소드 중에 신입 시절 때의 어떤 감정을 고백한 편집자분의 글이 있었죠. 그 출판사는 굉장히 뭐랄까, 겉보기에는 참 멀쩡한 출판사였는데, 따지고 들어가 보면 이제 법의 사각지대에서, 합의된 착취라서 착취라고 하기는 좀 그렇지만, 그것이 너무 당연한, 그래서 신호등들이 다 작동을 하지 않는 회사라고 설명하면서 본인은 참 그게 의아했다고 하죠. 자기의 사수들, 팀장들, 그리고 위에서 중간 관리를 해 주는 사람들이 저렇게 많이 있는데, 왜 아무도 반기를 들지 않을까. 나는 권한이 없는 신입이기 때문에 꿋꿋이 버텨야 하는데, 너무 괴로운데……. 그래서 자괴감이 들었는데, 어느 날 행사장에 가서 선배들하고 일을 하면서 책도 나르고 이야기도 하면서 보니 다들 그거를 모르지 않더라……. 그런데 그 책 만드는 일이 너무……좋아서 그 하루

[뒷담 클럽]

하루가 너무……알차서 마치 그런 착취의 세계가 없다고 생각하는 것처럼 느낀다고 책에 쓰여 있었어요. (사이) 그렇죠. 그러면서 나는 저 정도까지 빠져들지 못한 채 이 구조를 너무 탓하지 않았나 하고 반성을 했더라는 자기 과거의 고백을 써 주셨는데, 저도 비슷한 경험을 해 본 적이 있어요. 참 존경하는 선배고 또 닮고 싶은 편집자였는데 그분은 단 한 번도 불평, 불만을 하지 않았어요. 저도 그런 비슷한 회사에 다닌 적이 있었고, 그런 문제 제기를 하기보다는 그냥 너무 힘들어서 도망치듯 퇴사를 했는데, 그 선배는 여전히 일을 하고 있더라고요. (사이) 그래서 단순히 불의에 저항하지 않는다고 해서 그런 태도를 탓할 수 있나? 그 선배의 삶이 어느 정도는, 어떤 점에서는 되게 멋있어 보였거든요……. 멋있다기보다도 좀 거룩해 보였다고 할까? 그래서 제가 겪었던 경험이 쓰여 있는 것 같았어요. (사이) 이 책이 말하는 문제의식들에 우리가 어렴풋이 다 공감을 하잖아요. 그럼에도 그것만으로는 설명되지 않는 어떤 출판 현장에서의 감정들, 또 각자가 가고 있는 자기만의 길들이 교차가 되어서 오히려 머릿속이 좀 더 복잡해졌습니다. 이제 저도 경력이 좀 오르고 그런 장면들을 마주하고 있는데 여전히 해결되지 않고 있으니까요. (사이) 근데 어떤 사람은 그거를 되게 기꺼이 받아들이고 있고요. 그런 다양한 이야기

[4회]

가 담겨 있어서 재밌게 읽었습니다.

윤수

출판인들이 쓴 출판인 책, 이런 책들을 저는 독자로 있을 때는 전혀 몰랐거든요. 근데 출판계에 오고 나니까 유난히 눈에 들어오는 거예요. 아까 지호 님도 말씀하셨지만, 저는 다른 사람들이 어떻게 일하고 있는지 너무 궁금하거든요? 다들 나처럼 이렇게 힘들게 일하나? (사이) 힘들게 일하고 있죠. 힘들게 일하고 있고. 그리고 어떤 생각들을, 또 고민들을 하고 있는지 궁금해서, 저는 좀 나오면 찾아보는 편이기는 해요. 히구치 님은 어떠셨어요? 아니면 다른 비슷한 책을 읽은 적 있나요?

히구치

그런 이야기에는 손이 잘 안 갑니다. 출판계 망했다, 출판계 어렵다……. 음, 벌써 몇 년 동안 반복되고 있는, 누구나 아는 사실이라고 생각해요. 여기 소개 글에서 '아니다, 출판계 망했지만 다시 시작할 수 있다'고 하는데, 모든 지표가 부정적인 것은 사실입니다. 1년에 책 한 권도 읽지 않는 사람들이 열 명 중 네 명? 여섯 명? 정확하지 않아서 죄송합니다. 아무튼 절반 이상이래요. 그래서 출판계는 망했다,

안 망했다, 이 이야기를 하는 건 이제 늦었다고 생각하고요. 그다음을 이야기해야 한다고 생각합니다. '출판계가 망했는데 어떻게 타개할 것인가'에 대한 이야기는 굉장히 재밌게 흥미롭게 봅니다. 어떻게 타개할 수 있을지, 그 돌파구나 미래는 정해진 바가 없으니까요. 윤수 님은 아까 와닿았다고 하셨는데, 무엇에 공감을 하셨나요?

윤수

그렇죠. '단군 이래 최대 불황'이 매일이잖아요. 제가 처음 출판계에 왔을 때도 그 말을 들었고 사양 산업이라는 이야기도 엄청 많이 들었는데, 저는 완전 초반에는 약간 그 사실을 부정하고 싶었던 마음이 아무래도 좀 있었던 것 같아요. 근데 그 말을 정말 깨닫고 느낀 건 굉장히 최근이에요. (사이) 그사이에는 약간, 일이 그냥 할 만은 하고, 가끔 엄청 재밌는 작품 하게 되면 거기서 보람 찾으면 되고, 내가 출판을 바꿔야지, 이 판을 바꿔야지, 이런 거는 별로 하고 싶지 않다, 그런 생각을 해 왔죠. 그런데 최근에 문화체육관광부에서 국민독서실태조사를 발표했거든요.[⊙] 제가 그거를 읽어 봤는데, 서양 산업이라고 내가 착각을 했구나. 아, 이미 망했구나, 이미 죽었구나, 이

⊙ 문화체육관광부, 「2023년 국민독서실태조사」, 2024년 4월 발표. http://www.mcst.go.kr/kor/s_notice/notice/noticeView.jsp?pSeq=18901. 한국 성인의 종합 독서율이 많이 낮다.

생각이 들더라고요. (사이) 미래는 어차피 모르고 일단 난 이걸로 생계를 유지해야 된다고 생각한 지는 오래되었거든요? 그러니까 처음에는 외면했다가, 이제 망하든 망하지 않든 나랑 상관없어, 그냥 내가 소소하게 재미 좀 있으면 되지, 해 왔는데 올해 4월에 보고서를 보고 이미 망한 산업에 내가 있다는 걸 절실하게 깨달은 거죠. (사이) 공감은 아까 제가 말씀드린 부분에서 제일 많이 하기는 했어요. 제가 오래 가지고 있던 태도였으니까요. 근데 지금은 정말 히구치 님 말씀대로 정말 다시 생각해야지 싶어요.

히구치

여기에서 '거창한 사명감을 찾을수록 피곤해지는데 출판인들은 그게 특기이다'라고 하잖아요. 그런데 어떤 출판인들은 이걸 위해, 그러니까 사명감을 찾기 위해 출판업계에 왔다고 생각합니다. 힘든 업계인 것을 알면서도요. '그냥 가끔 보람을 느끼고'? 그렇게 이 업계에 온 출판인들에게 가끔 보람을 느끼는 건 어렵지 않나 싶어요. 대다수가 늘 보람을 느끼고 싶어 하고 사명감을 찾고 싶어 해서 어려운 업계에서 열심히 하시는 거라고 생각하거든요. 그런 분들이야말로 좋은 의미로 출판인일 것입니다. 사람 인(人) 자를 붙이는. (사이) 저도 일단은 어떻게 이 상황을 타개해야 할지, 돌파구가 있을지, 항상 생각하고 있어요. 예를 들면 만화 분야 같은 경우에는 한국이든 일본이든 전자책이 잘 나갑니다. 종이책 시장을 뛰어넘었다는 이야기도 있습니다. 실제로 어떤 책은 종이책보다도 전자책 부수가 압도적으로 많아요. 그런 지표나 경향을 좇으면서 어떻게 난국을 타개해야 될지 약간의 단서를 찾기는 해요. (사이) 그렇게 타개책을 찾는 식으로 일하고 있어서, 이제는 출판계가 어렵다는 걸 빠르게 인정하고 다른 타개책을 찾는 사람들의 이야기가 궁금합니다. 단순히 낙관이 아니라, 진짜 어떻게 하고 있는지에 대한 이야기요.

윤수

이 책이 나온 시기가 저는 좀 약간 흥미로웠거든요. 보통 도서전 기간에 맞춰서 책을 내는 경우가 많잖아요. 도서전에서 첫 책을 소개하도록 장려하기도 하고요. 이벤트랑 전시도 하잖아요.

연다

선정이 되면요.

[4회]

윤수

북토크[ᄀ] 자리를 마련해 준다거나……. 근데 이 『뒷담 클럽』은 이상하게 도서전 직후에 냈어요. 제작에만 거의 1주일에서 열흘 걸리잖아요? 당연히 모든 것이 준비가 되었고 내면 분명히 낼 수 있었을 거고 도서전 생각을 안 하지 않았을 텐데, 도서전 직후에 냈다? 참 희한한 선택을 했구나, 이런 생각이 들었거든요.

지팡이

참가를 안 해서 그런 거 아니에요? 지호 님이 말씀하셨듯이 일반 출판사에서 낸 책이 아니라 프로젝트성으로 낸 거라…….

지호

근데 심지어 배본일이 도서전 바로 다음 날로 찍혀 있더라고요. 저는 의도를 한 것 같았어요. 의도한 의미가 있는 것 같아요. 축제가 끝난 다음에 낸다는…….

윤수

맞아요. 발행일을 포함해서 이 책이 좀 질문들을 던지는 것

> ᄀ 주로 책의 홍보용으로 저자, 역자, 독자, 편집자들이 모여서 이야기를 나누는 자리.

[뒷담 클럽]

같았거든요. 당연하다고 생각하는 출판의 문법이라는 게 있는데 표지에 저자와 편집자의 이름을 다 욱여넣은 것도 그렇고 출간 일정을 그렇게 잡은 것도 그렇고요.

다은

도서전은 어떻게 보면 출판계가 선사할 수 있는 가장 큰 스펙터클의 경험이잖아요. 그런 것에 반기를 든 것 아닐까요? 제가 아직 좀 환상 속에 살고 있는지도 모르겠는데, 지금 이 완연한 스펙터클의 시대를 거슬러 가는 매체, 그중에서도 우리가 가장 접하기 쉬운 매체가 책이라고 생각해요. 그래서 그런 시대를 바꿀 수 있는 수단도 책이 유일하지 않을까 하는 환상을 가지고 있는데요. 도서전이 갖는 장점도 물론 크지만, 안 좋은 점도 분명히 있잖아요. 이 책은 그런 지점에 주목한 게 아닐까 싶고요. (사이) 제가 이 책에서 인상 깊게 읽었던 부분은 출판업계와 패션업계가 다른 게 무엇이냐고 질문하는 한 전직 편집자의 글이었는데요. 사람들이 원하는 옷을 만들어서 파는 게 아니라 전에 없던 옷을 만들어 낸 다음에 그걸 유행의 자리에 앉히고 새로 사게끔 해서 돌아가는 것이 패션업계의 유구한 전통이라고들 하잖아요. 지금의 출판업계도 좋은 이야기를 책으로 만드는 게 아니라 책을 만들기 위해서 이야기를 억지로 발굴해서 바이럴을 태우고,[1] 그게 잘 되면 그 아이템을 복제해서 양산하는 게 아니냐는 글이었어요. 그렇게 잘 나가기 시작한 책은 사람들 입에 많이 오르내리게 되니 유통이 잘 되고, 그렇지 못한 책은 묻히고……. 도서전에서도 잘나가는 출판사는 더 크고 더 화려하게 더 많은 소비자를 불러들이는데, 이렇게 정확히 '자본주의'적으로 향하는 모습에 대해 논할 수 있어야 출판계의 미래에 대해서도 논할 수 있다는 이야기였는데요. 그래서 도서전과 이 책이 나온 날짜, 이런 게 다 결부되어 있지 않을까, 그런 생각을 했어요.

지팡이

저는 출판인 32명의 이야기라고 했는데 탈출판, 그러니까 적어도 현시점에는 출판 일을 하지 않는 사람까지 출판인으로 묶어서 이야기를 했다는 데에 의의가 있는 것 같아요. 근데 왜 그랬을까요?

윤수

출판계로 들어오면 탈출판을 해도 나갈 수가 없나 봐요.

[뒷담클럽]

지팡이

탈출판한 사람, 그러니까 업계를 떠난 사람을 찾는 게 쉽지 않다고 하더라고요. 근데 이 책에서는 원래 네트워크가 잘 형성되었는지 적절하게 안배가 돼서, 지금은 다른 일을 하는 탈출판인들의 이야기도 비중 있게 잘 다뤘다는 점이 개인적으로 인상적이었습니다.

오로지

저도 그 탈출판한 사람들 말 중에 좀 인상 깊었던 게 있어요. 그 사람은 출판계에 있다가 식품업계로 이직했다고 밝히고 시작하는데요. 현재 출판계에 있지 않다 보니까 되게 날 서 있는 표현이 좀 있었어요. 앞서 나온 이야기들처럼, '어떻게 보면 출판인들이 되게 배부른 소리를 하고 있다'고 하더라고요. 망했다, 망했다 하는 건 내가 출판계에 처음 들어왔을 때부터 듣던 말인데 내가 지금 출판계를 떠나고 이미 식품업계에서 자리를 잡았는데도 똑같은 담론을 하고 있느냐, 달라진 게 없지 않느냐 하면서요. 이 사람이 예도 들었는데요, 만두 쪽에서 일을 하나 봐요. 만두를 소비하는 사람은 비비고 만두를 살 수도 있고 풀무원 얇은 피 만두를 살 수도 있고 고향 만두를 살 수도 있죠. 그러면 만두를 생산하는 사람들은 비슷해 보이는 만두 중에서 자기

[4회]

만두를 팔기 위해 경쟁을 해야 하거든요? (사이) 책을 생산하는 사람 중에 이렇게 '경쟁'하는 사람은 잘 없지 않느냐고 하대요. 제조업체 중에 이렇게 생산자의 에고가 많이 들어가는 재화가 잘 없는데 책은 유별난 면이 있단 거죠. '이 책은 (아마도) 세상에 도움이 될걸?' 하는 식으로 말이죠. 세상에 읽으려는 사람은 없고 쓰고 싶은 사람만 많아지듯, 출판사도 그렇게 팔 회사는 없고 만들고 싶은 회사만 많아지는 느낌? (사이) 그러니까 우리가 맨날 시장이 망해 가고 있다고 하는데 사실은 그게 되게 애매한 말인 게, 망해 가는 출판사는 계속 망하거든요. 저희가 가장 가까운 곳에서 보고 있는 것처럼. 망해 가는 곳은 모두 이유가 있어요. 망해 가는 이유가 있고 그게 대체로 해결이 되지 않기 때문에 구간(舊刊)으로 연명하다가 자연 소멸하죠. 그런데 그럼에도 은근히 그 하락세가 완만한 편이란 말이에요.

윤수
팍 망하지 않죠.

오로지
2023년 출판계 통계가 있어서 저도 잠깐 봤는데요. 저는 출판계가 꾸준히 우하향한다고 생각했거든요. 근데 2013

년 이후로 전체적으로 보면, 우하향은 맞는데 그러면서도 등락이 있어요. 심지어 작년에는 올랐더라고요. '사실 일개 출판인이 시장이 망한 거를 걱정할 때는 아니다, 나만 살아남으면 된다, 나만의 콘텐츠를 가꿔야 되지 않느냐' 하는 말을 탈출판한 사람이 하니까 띵하는 게 있었어요.

히구치

저도 되게 공감하는데요. 예를 들면 물고기 존재하지 않는 그 책 있잖아요.[ㄱ] 그 책이 하나의 출판사를 탄탄하게 만드는 데 굉장히 큰 공헌을 했다는 기사를 보았습니다. 그 책이 원래 현지에서 크게 주목받는 책도 아니었대요. 아마존에서 베스트셀러 목록에 오른다든지 그런 타이틀[ㄴ]도 아닌데 한 국내 출판인에게는 그 책이 잘 될 거라는 확신이 있었고, 할 수 있을 것 같다고 느껴서 가져온 덕에 굉장히 잘 된 케이스였다는 거지요. (사이) 그냥 망했다는 생각에 참작(憯怍)하는 것보다 그런 식으로 내가 할 수 있는 책, 나에게 흥미로운 책을 찾아서 잘 내고, 그런 책이 한 권 한 권 많아지면 전체적으로 다 잘 될 수 있지 않을까 싶습니다.

[4회]

윤수

물고기는 솔직히 너무 잘 됐잖아요. 과학 분야에서 내려오질 않아요. 제가 다니는 회사가 과학 분야 책을 종종 내는데 물고기를 이길 수가 없어요. 전에는 『코스모스』랑 『이기적 유전자』, 두 종이 있었는데요.

히구치

이제 물고기가 『코스모스』가 된 거죠.

윤수

그래서 '물고기를 찾아야 된다, 나도 한 번은 해야 되지 않나' 이런 생각을 했었네요. 이야기가 나와서 말인데 규모는 작아도 하고 싶은 책, 또 색깔이 진한 책들을 시도하는 출판사들이 많아진 것 같아요. 이번 도서전에서도 다섯 출판사가 연합으로 부스를 냈더라고요. 기사도 떴고요. "출판이 망했다고? 언니들이 뭘 보여 줄게" 약간 이런……ⓒ

ⓒ 임인경, 「출판이 망해? 흥하려는 그 아는 언니들 얘기 들어볼래」, 『한겨레』, 2024년 6월 12일 기재. 2025년 3월 접속, https://www.hani.co.kr/arti/culture/culture_general/1144517.html.

[뒷담 클럽]

지팡이

너무 느슨해진 출판 신(scene)에 언니들이…….

히구치

거의 힙합이네요.

윤수

궁금해서 가 봤는데, 도서전의 묘미는 도서 목록 아니겠습니까. 그 다섯 출판사가 비슷하면서도 조금씩 다른 게 보이더라고요. (사이) 연다 님은 책 소개 준비하시면서 나누고 싶었던 이야기가 있었나요?

연다

그냥 각자의 감상을 들어 보고 싶었어요. 기대되는 마음이 좀 있었고. 한편으로는 그런 생각이 들기는 해요. 저 같은 경우에는 사회과학서를 주로 만드는데 독자들의 성향이 많이 바뀌고 있다는 느낌은 받거든요. 특히 정치사회 분야 책 같은 경우에는 워낙에 인문 분야가 강세이다 보니까 최대한 '인문스럽게' 포장해서 인문 매대로 내보내는 게 일종의 마케팅 전략이 될 때도 있어요. 마케터들이 그런 요구를 하기도 하고요. 그런 과정에서 고민되는 지점들이 있죠.

그러니까 시장의 요구는 뭔지 너무 알겠는데, 이 책을 제대로 보여 주는 방법은 그게 아닐 때 부딪히는 지점들이 실무자로서는 언제나 좀 있는 것 같고요. (사이) 각자 하고 싶은 책을 만들고 최대한 그 안에서 가장 좋은 책, 가장 재미있는 책을 내놓는 것은 당연히 중요하고 어쩌면 그게 전부일 수도 있지만……전체적인 흐름으로는 분명히 많이 꺾이는 분야가 있거든요. (사이) 교보문고 이런 데에 가 보더라도 정치사회 매대가 완전히 밀려나서, 독자가 서점에서 책을 발견하기가 너무 어려운 환경이에요. 아예 매대가 없거나 아주 작은 경우도 있고요. 이런 환경의 변화를 그냥 각자가 타개할 수 있는가 하는 고민은 항상 좀 하게 되는 것 같아요. 그게 독자들의 변화라고, 이게 세상의 흐름이라고 하면, 그렇게 안 팔리는 책들은 의미가 없는 것인가 하는 생각도 하게 되고요.

윤수

분야별로 좀 다를 수 있겠네요. (사이) 출판에서 메이저가 뭘까요? 소설이겠죠? 국내 문학, 특히 에세이가 최근에 진짜 엄청 큰 것 같아요. 자기계발도 많죠. '이 책 읽으면 내 인생 바꿀 수 있어' 하는 책들요.

지호

만화도 메이저죠.

히구치

그건 아닌 것 같습니다…….

오로지

근데 매번 종합 베스트셀러 목록에 『원피스』세 권 있고 그렇잖아요.

히구치

올라와 있는 시간이 되게 짧지 않나요?

오로지

하긴 에세이도 사실 한 달이죠. 게다가 팬들이 없으면…….

연다

정치사회는 1주일도 못 가요.

                약간의 침묵.

윤수

만화가 메이저인지는 개인적으로는 잘 모르겠고…….

히구치

만화 독자분들이 생각하시는 것보다 한정적일 겁니다.

윤수

그냥 그 사람들이 많이 읽는 거지, 많이 읽는 사람이 많지는 않은 느낌?

히구치

비슷합니다. 정해진 수의 만화 독자 바운더리를 깨고 나가는 책들이 종종 있는데 그게 눈에 띄게 잘 나가는 것처럼 느껴지는 듯합니다. 근데 만화는 독자들이 무척 구매력이 높고, 완결을 내면 전권 세트로 잘 나간다는 특징이 있습니다. 앞서 이야기했지만 전자책으로 잘 나가는 것도 특징이고요.

윤수

진짜 신기하다.

[뒷담 클럽]

연다

그 비율이 혹시 어느 정도일까요?

히구치

정확히는 저도 모르지만 저만 해도 만화를 아주 많이 전자책으로 사고 있는데요, 제 구매 비율은 종이책, 전자책 비율이 5 대 5 정도예요. 10권 이상의 장편 만화의 경우는 거의 전자책으로 삽니다.

연다

그러면 보통 동시 출간을 하나요?

히구치

전에는 종이책 판매를 좀 더 하고 싶어서 동시 출간은 안 했습니다. 텀®을 좀 두고 했어요. 종이책이 어느 정도 팔린 다음에 전자책을 풀자고 생각했는데, 그렇게 하니 그냥 전자책을 판매하는 기간만 줄어드는 거더라고요. 그냥 전자책도 빨리 하는 게 맞다고 생각했습니다. 이제는 종이책과 전자책의 출간 텀을 가능한 한 당기는 것으로 바꿔 가려고요. 대신에 종이책에는 부록 엽서나 포토카드 같은 특전 있잖아요. 그런 것들을 삽지해서 종이책을 살 이유도 만드는 방식으로 가고 있어요.

윤수

근데 생각해 보면 만화책은 아무래도 좀 연속물이잖아요. 그러니까 그 부피를 생각해 보면 전자책이 저 같아도…….

히구치

그리고 전자책은 정가제에서 피해 가는 부분이 있어서, 세트는 30퍼센트까지 할인이 되고, 가끔 파격적으로 하면 40퍼센트까지도 해요. 그러면 저 같아도 낱권으로 안 사고 무조건 30퍼센트 할인된 전권을 사요. 근데 그 작품이 막 20권짜리고 이러니까 금액이 크죠. (사이) 또 전자책은 종이책과 달리 재고를 보관할 때의 물류 비용이나 실제 제작비 등이 안 듭니다. 그런 거 생각하면 전자책 시장이 전망이 밝은 분야여서 그쪽으로 힘을 쓰자는 이야기를 많이 하고는 해요.

[뒷담 클럽]

윤수

정말 다르다. 제가 다니는 회사에서도 전자책을 하기는 하거든요. 근데 거의 1년 뒤에나 만들어요. 전자책 제작 지원 사업이 있잖아요. 거기서 선정된 작품만 전자책으로 만드는 거예요. 지원 사업 신청 기간이 되면 그때까지 나온 책들을 전부 신청해요. 그리고 된 것만 전자책으로 만들어요. 근데 요즘에는 온라인 서점에서 전자책 선(先)출간 제안한다는 메일이 엄청 자주 와요. 제가 체감할 정도로. 그래서 전자책 시장이 진짜 많이 커졌다고 느껴요.

다든

전 그게 늘 딜레마예요. 책 생각하면 딱 종이책이지만, 만들 때마다 너무 많은 종이를 쓰고 있다는 느낌이 들고요. 서점에 가면 늘 다른 책이 계속 계속 나와 있고요……. 예를 들어 이 책에 나온 어떤 출판사 사장님은 한 달에 무조건 세 권씩 내라고 한다잖아요. 근데 그렇게 했을 때 사실 그 책들이 다 팔릴 거라는 보장도 없고 오히려 폐기되는 책이 많을 텐데, 이렇게 다 읽지도 못할 책이 끊임없이 나온다는 게……. 전자책으로 나오면 안 읽혀도 버려지는 자원은 없을 텐데, 이렇게 종이책으로 수천 부씩 계속 찍어 내는 게 괜찮은 걸까, 이런 생각이 자꾸 들더라고요. 근데 정작 저

[4회]

도 책은 다 종이책으로 읽으니까…….

지팡이

인터넷이라고 자연을 파괴 안 하는 건 아니래요.

히구치

전자책 기기도 그렇대요. 전자책 기기로 1년에 60~70권 이상 읽어야 환경에 도움이 된다고 본 것 같습니다.

윤수

그리고 국민독서실태를 보니까 신간 종수가 계속 늘고 있더라고요. 하루에 신간이 150종 정도? 근데 읽는 사람이 그렇게 많은가 하면 이제 아닌 거죠.

지팡이

쓰고 싶은 사람만 많은 거죠.

윤수

책 읽는 사람은 진짜 없는 것 같은데 왜 이렇게 쓰는 사람이 많고 많아질까요?

모로지

요새 막 그런 거 많잖아요. 자비 출판, 기획 출판, 이런 식으로 해서 돈을 주시면 작가로 만들어 드립니다 하는…….

히구치

'우리 아이 책 만들기' 이런 것도 있어요. 대학 가려고 만드는 포트폴리오였나 그랬어요.

모로지

나름대로 비즈니스 모델을 새롭게 만든 거죠. 우리가 보통 생각하는 단행본 출판사가 새로 늘어난 것도 있겠지만, 그런 경우도 되게 많은 것 같아요. 마치 은퇴한 할아버지의 자서전을 내는 출판사처럼, 1년에 1종, 아니 평생 1종만 내는 출판사도 많은 것 같고요.

윤수

그런 걸 보면 사람들이 여전히 책 자체에 환상을 가지고 있는 것 같아요.

모로지

있어 보이잖아요.

윤수

책은 간지 나는ⓐ 것, 나 책 한 권 내면 참 좋겠다, 나 작가 하고 싶다, 이런 태도는 진짜 견고한 것 같아요.

오로지

그렇게 약간의 명예를 채울 수 있으니까요. 물질만으로는 채울 수 없는 게 있으니까요. 요새는 자기 PR용으로도 많이 하더라고요. '작가'라는 단어가 주는 무게가 있나?

다든

쓰는 것도 그렇고, 읽는 것도요. 친구들만 봐도 다들 평소에 책을 읽든 안 읽든 상관없이 그 읽고 싶다는 마음은 늘 한구석에 있는 것 같아요. 서점 가면 한 권이라도 사서 그냥 왔다 갔다 하면서 읽어 볼까 생각을 하고요.

히구치

그래서 책을 내는 저자의 수는 늘 늘어나고 유지가 되는 것 같은데……. 근데 도서전 방문자 수도 매년 늘고 있는데, 저한테 이거는 좀 신기하다고 여겨져요……. 뭐라고 해야 될

[뒷담 클럽]

까. 그러니까, 왜 늘고 있을까? 왜 사람들이 도서전에 와서 책을 살까? 도서전에는 실구매자가 정말 많아요. 와서 그냥 구경만 하고 가는 게 아니라 정말 많이 사서 가요. 왜 사람들이 도서전 때 이렇게 책을 많이 살까를 좀 진지하게 분석해 보고 싶어요. 텍스트 힙㉠이라는 새로운 말도 있던데 되게 진지하게 생각해 볼 문제라고 생각하거든요. (사이) 시집 매대에 재고를 채우고 있으면 독자들 대화가 들려요. 어떤 독자분이 '시집 하나 읽어야지'라고 하셨어요. 옆에 계시던 분이 '근데 어떤 것을 살지 모르겠다'고 하니까 '시집은 그냥 제목 보고, 느낌 보고 고르는 거야' 그렇게 말씀하더라고요. 그날 제법 잘 나갔던 시집은 약간 표지가 하늘색 파스텔 톤이고 제목이 뭔가 여름 분위기가 나는 거였어요. (사이) 아, 독자는 뭔가 특별한 이유나 이 책이 아니면 안 되는 구체적인 목적이 있어서 책을 사는 게 아니고, 생각보다 단순하게 접근하는구나 싶었어요. 우리가 진지하게 분석해서, 막 독자들에겐 지금 이런 책이 필요해, 세상에 지금 이런 책을 내야 돼, 해서 만들어진 책을 고르는 게 아니라……. 그런 독자도 물론 많이 있고 소중합니다. 그런데 또 다른, 그러니까 다른 관점을 가진 새로운 독자들은 생각보다 쉽게 책을 살 수도 있다는 생각이 거기서 되게 많이 들더라고요. 저희는 한 권 파는 게 너무너무 중요한 입장인데, 어떤 독자들은 '이 책 이쁘다, 제목 느낌 좋다' 하면서 심플하고 캐주얼하게 접근하기도 하는구나. 그런 모습을 보면서 독자가 책을 사는 방식과, 저희가 책을 만들고 파는 방식 사이에 좀 괴리가 있나 하는 생각을 했습니다.

연다

저도 이번 도서전 때 되게 비슷한 걸 느꼈어요. 그러니까 저희는 사실 판매를 크게 기대하진 않았거든요. 왜냐하면 다루는 분야 자체가, 저희는 문학도 없고 시도 없고 그냥 거의 다 논픽션ⓒ밖에 없어서, 그냥 우리 출판사를 아는 사람들이 조금 오고 처음 오는 사람들이 조금 오고 해서 이 정도겠지 하고 생각했거든요. 그래서 작년이랑 비슷하게 책을 가지고 갔는데 올해 책이 너무 잘 팔린 거에요. 다른 출판사에서 시집이나 문학도 많이 팔렸겠지만, 논픽션까지도 어떤 이런 흐름이 온다는 게

ⓒ 비소설. 출판에서 소설과 시처럼 꾸며 낸 것이 아니라 이야기의 중심이 실제 사실에 바탕을 둔 이야기라고 간주하는 모든 장르의 이야기를 말함이다. 픽션(fiction)과 논픽션(nonfiction) 구별 자체를 폐기하자 (애당초 이 책이 비소설이냐, 논소설이냐?)

[뒷담 클럽]

좀 고무적이기는 했어요. 그리고 도서전에서 살 것 같지 않은, 하드커버㉠의 책 4만 8,000원짜리를 사 가는 사람들도 있었고요. 도대체 저 사람들은 뭘까 싶었죠. 바로 옆에 영풍문고 가면 책이 다 있는데 왜 여기서 살까. 심지어 저희는 10퍼센트 할인도 안 하고 정가로 팔았어요. 그래서 이번 도서전 때에는 이게 뭐지, 뭔가 좀 달라지고 있나, 그러니까 우리도 좀 어떻게 다르게 움직이면 더 좀 많이 다가갈 수 있나, 하는 생각도 개인적으로 되게 많이 들었어요. 분명히 어떤 변화는 있는 것 같아요. 그리고 정말로 독자는 그냥 가벼운 마음으로 무슨 책이든 살 수 있다는 것에 대해서 많이 고민해 봐야 된다는 생각이 들었고요.

히구치

도서전에 방문한 15만 명이 다 '헤비한' 독자는 아닐 거라고 생각하거든요. 그리고 그런 헤비한 독자라면 도서전이 아니더라도 책 많이 사겠죠. 근데 그렇게 안 사는 사람이 사게 만드는 게, 새로운 독자를 모셔 오는 게 우리가 해야 될 일이잖아요. 그리고 그들은 우리가 으레 생각하는 방식대로 책을 사지 않는다는 걸, 도서전에서 잠깐 일했지만 많이 느꼈어요.

㉠ 양장본. 판지에 표지를 씌운 책.

윤수

출판계에 와서 저는 그런 게 좀 있거든요. 난 이제 아무것도 모르던 독자 시절로 돌아갈 수가 없다. 그래서 아까 계속 이야기 나온 지점들이랑 비슷할 텐데, 점점 더 독자를 모르겠는 거죠. 책을 사는 사람들이 어떻게 책을 사는지를 점점 더 모르겠다는 기분이 들거든요. 지호 님은 어떠세요? 독자와의 괴리 같은 걸 좀 느끼시나요?

지호

많이 느끼죠. 저는 만드는 사람 입장에서, 매출이나 생존 여부를 떠나 개인적으로 가장 중요하게 생각하는 것은 재미거든요. 일을 하는 재미. 근데 저도 이 책의 32명의 이야기를 다 읽고, 돈이나 복지는 문제가 아닌 것 같다는 생각이 들었어요. 여기에 저보다 연차가 낮은 분도 있고 나이가 젊은 분도 있고 저랑 비슷한 분도 있었는데, 다루는 소재는 다 달랐지만 하나 공통된 게 있다면 희열이라고 생각했거든요. 자기가 한 일의 어떤 의도가 있잖아요. 근데 이 의도가 먹혔을 때의 그 희열. 그 기쁨이 재현될 때 저는 다음 일을 또 하고 싶다는 생각이 들어요. 여기 책에 나왔던 내용들도 그런 자기만의 성공 사례를 쌓아 갈 때 가장 행복을 느낀다는 거였고, 인센티브나 이런 게 없어도 일을 하게 만드는 동력이라고 나와 있었는데, 제 주변도 그렇고요. 근데 요즘에는 그게 계속 먹히지는 않는 거죠. (사이) 그러니까 우리는 카피를 열심히 쓰고 보도자료⊙도 열심히 만들고 상세 페이지의 이미지도 파격적으로 꾸미는데, 독자들이 그걸 안 보는 것 같아요. 어딘가에서 매출은 나오는데 사람들은 전혀 다른 형태로 책을 구입하고 있고요. 또는 오해일 수도 있지만, 분명 저 책은 만듦새가 이상한데, 물론 그 기준은 다 다르겠지만, 잘 나가기도 하고요. 책에서도 한 편집자가 SNS나 카드뉴스의 힘으로 타사의 책이 꽤 판매되는 모습을 보면 가끔 나도 좀 울적해진다, 난 정말 열심히 책을 만들었는데, 왜 우리 책은 하루에 한두 부도 나가지 않을까, 하잖아요. 물론 정답은 없겠지만 자기가 습득하고 구현한 방식이 시장에서 전혀 먹히지 않을 때 느끼는 좌절감이 있을 것 같아요. (사이) 그래서 아까 히구치 님 말씀도 맞아요. 뭔가 자기만의 방식을 찾아서 생존을 하면 훨씬 더 희망찬 미래가 열리겠죠. 다만 제가 느끼기에는 분야를 막론하고 이 출판 시장이 굉장히 빠르게 변하고 있는 것 같아서, 그래서 거기에 동참하기 조금 어려운 편집자는 좀

[4회]

박탈감을 느끼고 있지 않나 싶고요. 양극화라고 섣불리 단정할 수는 없겠지만, 그래도 이제는 우리가 직면하고 해결해야 되는 문제라는 생각도 들어요. (사이) 저는 그래도 운이 좋아서 성장하는 회사에서 배우면서 미래를 도모할 수 있다는 생각을 하는데, 다른 커뮤니티에 가거나 이런 책 속 이야기를 보면 완전히 다른 세상인 거예요, 이 사람들이 겪고 있는 것들은. 그래서 다 같이 좀 발전하고 방법을 모색하면 좋겠다는 마음 때문에 답답하기도 해요. 그럴 기회를 얻은 사람이 있고 기회조차 얻지 못한 사람들도 있어서요. 이 문제는 우리가 구조적으로 좀 접근해서 해결해야 되지 않을까 그런 생각도 들었어요.

연다

기회를 얻지 못했다는 말씀은 뭔가 회사로부터 편집자가 그만큼 지원을 받지 못하고 있다는 뜻일까요?

지호

예를 들면 이 책에도 나왔는데요. 1990년대에서 2000년대에 막 벼락같이 성장한 회사들이 있잖아요. 기획 출판의 문을 열었던 회사들이기도 하고요. 근데 그런 회사의 사장이나 임원이 요구하는 편집 방식이라든가 성과에 목을 매느라, 자신만의 무엇인가를 펼치지 못한 사례들이 저는 좀 보였어요. 그런 경직성을 조금만 풀어 주기만 해도 어느 정도는 자발적으로 무엇인가를 이룰 수 있을 텐데 왜 그러지 못할까. 근데 또 그분들은 스스로 선배들의 길을 따라서 뭔가를 열심히 하고 있다고, 어쩌면 가스라이팅⊙일 수도 있겠죠. 그렇게 오도 가도 못하기도 하고요. 그래서 이거를 단순히 개인의 역량 차이로만 우리가 평가할 수 있을까 하는 생각도 들었어요. 저도 그런 경험이 있었으니까요.

다든

이건 살짝 다른 이야기일 수도 있는데, 아까 도서전 이야기의 연장선으로, 저는 도서전에서 책이 잘 팔리는 이유에 직접 책을 마주하는 경험도 중요한 영향을 미친다고 생각해요. 사람들이 책을 실물로 직접 보고 만져 봤을 때 되게 갖고 싶다는 생각이 들기 마련이잖아요. 온라인으로는 지나쳤을 만한 것도 여기 내 눈앞에 있을 때에는 사게 되는 심리가 있다고 생각해요. 특히 이런 경우에는 책이 예뻐야 갖고 싶어질 테고요. 사실 다 읽어 보고 사는 게 아니잖아요.

⊙ gaslighting. 정서적인 학대, 교묘한 심리 조작을 통해 타인이 스스로를 불신하거나 현실감과 판단력을 잃게 만듦으로써 그 사람에게 지배력을 행사하는 일. 1938년의 연극 「가스등(Gas light)」에서 유래했다.

[4회]

내용도 잘 모른 채 사기도 하고요. 제가 디자이너로 생활을 했어서 또 그렇게 생각하는 것인지도 모르겠지만, 저는 그 만듦새가 책 내용만큼이나 진짜 중요하다고 느끼거든요? 품을 많이 들여야 되는 일이라고 생각하고요. 예를 들면 책에서 어떤 분은 사장님이 디자인에는 전혀 관심이 없어서 천편일률적인 모양새로 뽑아내고, 그래서 자기가 생각하기에는 너무 좋은 내용의 책인데 표지 때문에 사람들이 눈여겨보지 않는 것 같다고 하잖아요. 그래서 그런 고정관념도 많이 바뀌어야 되지 않나 싶어요. 책은 아직도 내용이 전부라는 인식이 많은 것 같은데요, 만드는 사람들 사이에서요. 디자인에 신경 쓰는 건 좀 세속적이라고 보는 경향도 있는 것 같아요. 마케팅도 일부러 좀 안 하는 책들도 있을 것 같거든요. 책의 가치가 좀 떨어진다고 생각해서? '좋은 책이면 사람들이 어련히 알아서 사겠지'라고 생각하고. 근데 아무리 좋은 책이라도 눈에 띄지 않고 알려지지 않으면 아무도 못 보는 건데, 시장 안에서 그런 노력을 해야 되지 않나…….

히구치
좋은 책을 내도 많은 사람들에게 알려지는 건 힘들어요. 나가서 진짜 좌판 깔고 좋은 책 나왔다고 소리를 질러도 모를 수 있어요. 우리가 좋은 책 냈다면서 아무것도 안 하고, 예를 들어서 표지 디자인이나 마케팅도 전혀 신경 안 쓰고, 이런 태도는 부적절하다고 생각합니다.

윤수
자동으로 잘 팔릴 거라고 생각하는 건 진짜 이제 너무 나이브하죠.

히구치
그리고 잘 나가는 책들 보면 '저런 책이 잘 나가다니!' 막 그런 생각도 많이 하잖아요. '어떻게 저런 책이……' 하면서요. 그런 생각을 하는 분은 왜 이렇게 가볍고 팬시한 책들이 잘 나가지 싶으실 것 같은데, 저는 독자나 소비자들이 선택하는 데에는 당연한 이유가 있고 그 이유를 분석해야 된다고 생각해요. 그래서 막 '아니, 저런 책이 잘 나가?' 이렇게만 생각하고 뒷짐 지고 있는 것 역시 출판이 어려워지는 데 일조하는 게 아닌가 싶습니다. 그렇게 뒷짐 지고 있는 동안에 그 책은 독자들께 선택을 받고 있습니다.

윤수
맞아요. 저도 비슷한 생각을 『세이노의 가르침』을 보면서

[4회]

많이 느꼈어요. 사실 그 책을 저는 몰랐거든요. 근데 출간되기도 전에 모든 온라인 서점에서 1위를 먹고 시작하는 거예요. 기대 평도 엄청 달렸어요. '드디어 이 책이 나오는군요' 이러면서 사람들이 다 미쳐 있는 거야. '뭔데? 난 몰랐는데? 이거 뭔데 이렇게 잘 팔리지?' 했죠. 책이 출간되었다고 해서 서점에 갔어요. 이야, 근데 페이지가 700여 쪽. 게다가 그 만듦새가 제 생각과 너무 다른 거예요. 그리고 또 충격적이었던 건 그 책이 전자책을 그냥 무료로 풀었거든요. 그런데도 책이 너무 잘 나가는 거예요. 아, 이거 내가 지금 팔짱 끼고 혀 찰 때가 아니다……

지팡이

저는 약간 꼰대 같아서……. 이 책에서도 K라는 꼰대가 나오는데요. K도 잘 만드는 것만큼 잘 알리고 잘 파는 거 당연히 중요하다고 생각하는데, 북페어 나갈 때마다 K는 면벽수행을 하는 거예요. 그리고 늘 부스가 이상하게 배치되어서, 바로 옆 부스에서는 귀여운 고양이 책갈피, 고양이 엽서, 고양이 플립 북[ᄀ]을 팔고 있는 거예요. K 기준에는 저게 책인가 싶은 거죠. 책이 아닌 것과 내가 경쟁하는구나 이런 고민도 하고요. 저는 그런 K에게

ᄀ flip book. 짧아진 연속적인 그림이 그려져 있어서 책장을 빠르게 넘기면 그림이 움직이는 듯 애니메이션 효과가 나는 책.

[뒷담 클럽]

공감이 되면서도, 이대로라면 저도, K도 안 되겠다는 생각이 많이 들더라고요.

다든

이번 도서전에서도 엄청 많이 팔린 굿즈㉠가 있었잖아요.

㉠ goods. '상품, 제품, 재화'를 의미하는 영어 단어이자, 최근에는 특정 저자로부터 파생된 상품을 주로 일컫는다.

윤수

데드라인 아티스트 모자. 푸른숲이었나요?

히구치

그게 품절되었죠.

모로지

그래서 옆에 QR코드를 넣어서 스마트스토어로 안내했다고 하더라고요.

히구치

책 사면 증정한다는 스티커도 많았고요. 저는 그런 거 해야 된다고 생각해요. 적극적으로 해야 된다고 생각해요. 모자 팔아서 좋은 책 만들면 돼요. 모자 팔아서 돈 벌고, 그 돈으

[4회]

로 좋은 책 분명히 낼 수 있거든요.

지팡이
저쪽 보고 말씀하세요……. 저는, 아니 K는 그런 말이 안 통하는 사람이니까…….

히구치
물론 모든 책이 그러면 안 되고 또 모든 회사가 그렇게 해야 된다는 건 아닌데요. 근데 어느 정도는, 새로운 독자를 모셔 오려면 기존에 하던 대로, 오직 책으로만 승부를 볼 수는 없다고 생각해요. 관심을 어떻게든 조금이라도 받으려면 할 수 있는 방법이 뭘까 했을 때, 모자 팔아서 '도서전에서 재밌는 모자 판다더라' 그런 이야기가 돌고, 또 그런 식으로 도서전이 되게 유쾌한 행사가 되면 좋잖아요. 그런 재미있는 출판사도 있다는 걸 사람들이 알게 되길 바라요. (사이) 책이란 게 정말 몇 부만 나가도 온라인 서점에서 순위가 껑충 뛰어요. 그러니까 저한테는 독자 한 분 한 분이 정말 소중한데, '모자 파는 게 대수인가?' 싶습니다. 진짜 한 분이라도 좋으니 어떤 독자께 책을 살 마음이 생길 수 있다면 저는 모자가 아니라 뭐든 만들어서 팔아야 된다고 생각해요.

[뒷담 클럽]

연다

꼭 굿즈 아니어도 그런 거 있잖아요. 이번에는 MBTI별 책 추천도 있었고, 생일 책도 매년 나오죠. 콘텐츠랑 엮는 것 정도는 K 씨도 괜찮지 않을까요?

지팡이

저는, 아니 K는 나이 많아서 어차피 은퇴할 나이이고 어차피 사라질 거예요…….

윤수

맞습니다. 굿즈가 꼭 상품의 형태가 아닐 수도 있는 거잖아요.

지팡이

책도…….

윤수

네, 그렇죠. 책도 굿즈가 됐죠.

지호

저도 언제인가부터 도서전에 가면 읽고 싶은 책을 사지 않고요. 아는 분들이 나온 부스나 평소에 눈여겨봤는데 궁금했던 곳 가요. 그냥 말을 걸 수는 없으니까 책을 좀 구경하고 사요. 그래서 집에 오면 나랑 전혀 상관없는 책들이 가득 있어요. 그러니까 저는 이게 일종의 응원비라는 생각이 드는데, 독자나 소비자도 그렇게 변할 수도 있지 않을까 이런 생각도 들어요. 그러니까 읽으려고 사는 게 아니라, 심지어 소장하려고 사는 것도 아니고, 그냥 저 브랜드, 저 메이커에 내가 돈을 내고 그들을 응원했다는 그 감각을 경험하는 것. 특히 도서전은 그게 극대화되는 장소죠. 책이 어쩌면 굿즈를 넘어서 하나의 응원의 매개가 될 수도 있다. 근데 이제 그거를 받아들이는 사람이 있을 거고 또 받아들이지 못하는 사람이 있을 텐데, 그건 또 각자의 몫이죠. 어쩌면 이 책을 산 사람들도 책 내용이 궁금해서, 정말 막 읽고 싶어서 산 것도 있겠지만, 자기 일에 대한, 이 일터에 대한 일종의 위로금, 응원비 같은 게 아니었을까요?

[뒷담 클럽]

5회

2024년 8월 16일 금요일

우리 안의 이방인, 신, 괴물

우리 안의 이방인, 신, 괴물

우리 안의 이방인, 신, 괴물

우리 안의 이방인, 신, 괴물

『우리 안의 이방인, 신, 괴물』

(*Men from Us*, 천장지구, 2024)

미디어철학자 니콜 올드먼과 게리 키드먼의 14년 만의 합작 작품. 이 책은 매체(媒體)와 공동체(共同體) 간의 복잡한 관계를 탐구하면서, 마르크스의 코뮤니즘과 레비나스의 환대의 윤리와 같은 철학적 사유를 통합적으로 다룬다. 특히, 이들은 포스트 휴먼 시대를 배경으로 비인간 행위자들과의 공존 문제를 고찰하며, 현대 사회에서의 미디어와 공동체의 상호작용을 깊이 있게 분석한다.

책의 제목에 드러난 '이방인', '신', '괴물'이라는 키워드는 이 작품의 핵심 주제를 암시한다. 이방인, 즉 타자는 우리 내부에 언제든지 스며들 수 있는 존재로, 신과 괴물이라는 이중적인 측면을 가지고 있다. 신으로서의 타자는 우리가 경외하는 대상이지만 동시에 이해할 수 없는 미지의 존재이며, 괴물로서의 타자는 우리의 질서와 규범을 위협하는 혼란과 공포의 상징이다. 이방인의 이러한 이중성은 현대 사회에서 비인간 행위자들이 갖는 복잡한 역할과도 연결되며, 저자들은 이 관계를 심도 있게 탐구한다.

마르크스의 코뮤니즘에서 강조되는 공동체의 중요성은 이 책의 중심 주제 중 하나이다. 저자들은 미디어가 새로운 형태의 공동체를 어떻게 형성하는지, 그리고 그 안에서 인간과 비인간 행위자들이 어떤 방식으로 상호작용하며 공존하는지를 탐구한다. 레비나스의 환대의 윤리 역시 중요한 철학적 프레임으로 사용되며, 미디어와 사회 간의 윤리적 관계를 재조명한다.

이 책은 올드먼과 키드먼의 합작이라는 점에서도 주목할 만하다. 이들이 공동 저작의 형식을 취한 것은 단순히 두 명의 철학자가 함께 작업한 결과물이 아니라, 상호보완적인 관점과 철학적 아이디어를 융합하여 더욱더 깊이 있는 통찰을 이끌어 내기 위한 방법론적 시도임을 뜻한다. 이와 같은 합작 방식은 들뢰즈와 가타리, 네그리와 하트가 협력하여 철학적 저작을 완성한 방식과 유사하며, 현대 철학의 중요한 작업 방식을 반영한다. 또한 번역자 이청년과 박노인의 공역도 이 책의 의미를 더하는 중요한 요소이다. 이들은 원작의 철학적 깊이를 충실히 반영하면서도, 한국 독자들에게 쉽게 다가갈 수 있도록 번역 작업을 완성했다. 번역 과정에서의 협업은 원작의 복잡한 사유와 깊이 있는 논의를 그대로 전달하는 중요한 역할을 한다.

책의 후반부에서는 비인간 행위자들과의 공존 문제를 다룬다. 저자들은 기술 발전에 따른 사회적 변화를 예리하게 분석하면서, 포스트 휴먼 시대에 인간과 비인간의 경계가 모호해지는 현상을 철학적으로 탐구한다. 이 과정에서 비인간 행위자들이 공동체에 미치는 영향과 그에 따른 윤리적 문제를 심도 있게 논의한다.

『우리 안의 이방인, 신, 괴물』은 미디어와 사회의 관계에 대한 새로운 시각을 제시하는 중요한 저작이다. 미디어 철학에 관심 있는 독자뿐만 아니라, 현대 사회에서의 공동체와 인간의 관계에 대해 고민하는 이들에게도 깊이 있는 통찰을 제공할 것이다. 이 책은 새로운 시대를 살아가는 독자에게 미디어와 사회의 복잡한 관계를 이해하는 데 중요한 길잡이가 될 것이다.

저자 니콜 L. 올드먼(Nicole L. Oldman)

1950년생. 현대를 대표하는 미디어 철학자. 이마누엘 칸트, 에드문트 후설, 마셜 매클루언, 빌렘 플루서에 이르기까지 근·현대 철학의 다양한 입장·사상들과 미디어를 결부시켜 현대 사회를 읽어 내는 작업을 지속해 왔다. 파리 제20대학교에서 수학하여 박사학위를 받았으며 2000년에 친구의 소개로 게리 키드먼을 만났다. 현재는 미국 메릴랜드 주 볼티모어에 살면서 앤서니 홉킨스 대학교에서 정치학 교수로 재직하고 있다. 대표 저서로 게리 키드먼과 함께 쓴 『미디어와 공동체(*Medien und Gemeinschaft*)』를 비롯하여 『미디어 권력과 민주주의』, 『우리는 결코 휴먼이었던 적이 없다』, 『미디어 철학을 위하여』 등 다수가 있다.

저자 게리 키드먼(Gary Kidmann)

1962년생. 미디어 이론가. 미디어, 테크놀로지, 공동체 간의 관계를 중심으로 현대 사회·문화를 비평하는 것이 주된 관심사이다. 파리 제20대학교 학부에서 신학을 전공했고 이어 베를린 괴테 대학교에서 철학으로 박사학위를 받았다. 2000년에 절친한 친구의 소개로 니콜 올드먼을 만났다. 현재 독일 예나에서 파트너와 함께 살면서 막스

리히터 연구소에서 미디어 연구를 계속하고 있다. 대표적 저서로 니콜 올드먼과 함께 쓴 『미디어와 공동체(*Medien und Gemeinschaft*)』를 비롯하여 『인간과 비인간』, 『보(지 않)는 것: 혹은 보이(지 않)는 것』 등이 있다.

역자 이청년

한국대학교 미디어 커뮤니케이션 학과 교수. 한국대학교 신문방송학과를 졸업하고 동 대학교 커뮤니케이션 대학원에서 석사학위를 받았다. 이후 파리 제20대학교에서 철학 전공으로 석사학위와 박사학위를 취득했다. 박노인과 함께 올드먼과 키드먼의 저작들을 차례로 번역, 소개하고 있다. 저서로 『타자 사회』, 『휴먼의 종말』이 있다.

역자 박노인

한국대학교 신문방송학과를 졸업하고 동 대학교 커뮤니케이션 대학원에서 석사학위를 받았다. 이후 미국 미네소타 대학교에서 미디어 문화 연구로 박사학위를 취득했다. 현재 한국대학교 미디어와 사회 연구소에 몸담으면서 동 대학교 철학과에 출강하고 있다. 이청년과 함께 올드먼과 키드먼의 저작들을 차례로 번역, 소개하고 있다. 저서로 『인간, 다음』(공저)이 있다.

윤수

언제나처럼 가볍게 근황을 나누고 시작해 볼까요? 한 달 동안 어떻게 지내셨는지, 지팡이 님부터 말씀해 주세요.

지팡이

싫어요. 저 마지막에 할래요.

윤수

알겠습니다. 제가 먼저 할게요. 저는 이 북클럽에서 근황을 이야기하는 것에 좀 신경을 쓰는 편이어서, 저희가 만나지 않는 한 달 동안 재밌는 일을 무조건 만들어야 된다, 잼애㉠를 무조건 가져와야 된다고 생각하고요.

㉠ '재미있는 이야기'의 줄임말.

지팡이

거의 생활툰 작가의 고충이네요.

오로지

콘텐츠를 약간 짜내듯이…….

[우리 안의 이방인, 신, 괴물]

윤수

그래서 저는 지난 한 달 사이에 아주 중요한 사람을 한 명 만났습니다.

오로지

오…….

윤수

오로지 님, 너무너무 방청객 모드네요. 좀 부담스럽네요. 아무튼 누구냐면 저의 첫사랑. 진짜로 대단하죠?

오로지

꿀잼각ⓐ 나왔네요. 오늘 근황 이야기를 한 시간은 해야 될 거 같아요.

윤수

저는 솔직히……다들 이 정도 잼얘는 하나씩 가져오실 줄 알았어요.

지팡이

지금 뒤풀이 갈까요?

ⓐ '매우 재미있겠다'는 뜻으로, '매우 재미있다'를 강조하여 이르는 말이나 어떤 일이 재미있어 보일 때 쓰는 말. '잼〈角〉'이.

[5회]

오로지

저는 삶이 너무 단조로워서……큰일 났네요.

윤수

잼애를 짜 오셔야죠. 아무튼 고등학생 때 첫사랑인데, 당연히 선생님이었죠.

오로지

푸시시…….

윤수

푸시시 뭐죠?

오로지

살짝 식었어요.

윤수

그래요? 국어 선생님. 당연히 국어 선생님이죠.

지팡이

클리셰 범벅 아니에요?

[우리 안의 이방인, 신, 괴물]

윤수

옆 반 국어 선생님인데, 복도에서 우연히 본 거예요. 근데 재킷을 입고 계셨는데 재킷 주머니에 시집이 꽂혀 있던.

지팡이

너무 전형적이야.

모로지

혹시 이거 1980년대 드라마 아니죠?

윤수

이성복 시인의 "입이 없는 것들".

지팡이

『아, 입이 없는 것들』.

윤수

그 시집을 꽂고 다니는 모습에 제가 첫눈에 반했죠. 다행인지 불행인지 그 선생님이랑 이야기한 적은 많지 않고요. 제가 수줍음이 많았거든요. 근데 이제 그 선생님이 제가 고2가 되던 해에 결혼을 하시고 제가 고3이 됐을 때 아이를 낳으시더라고요. 저는 그 충격으로 수능을 망치고 재수를 하게 됩니다.

오로지

되게 치욕적이셨나 보다.

윤수

아주 좋아했어요! 하지만 그러고 나서 뭐 만날 일이 없죠. 그러다 어쩌다가 그 선생님이 어떤 고등학교에 계시다는 이야기를 들은 거예요. 그래서 다짜고짜 책을 보냈어요.

오로지

만드신 책을요?

윤수

편지랑 같이요. 이거는 좀 예전 일인데요. "선생님, 저를 기억하시는지요? 제가 편집자가 되었답니다." 그리고 제 연락처. 핸드폰 번호. 재밌죠?

오로지

고쳐 앉았습니다.

[우리 안의 이방인, 신, 괴물]

윤수

그랬더니 답장이 온 거예요. 당연히 기억한다고. 그러면서 편집자가 됐다니 정말 대단하다. 고된 일을 하는데 사람들이 참 모르는 직업이지 않느냐, 이런 이야기를 또 하시길래 여전하시구나, 이런 생각을 하고. 그렇게 연락을 좀 주고받다가 한번 만나야겠다는 생각이 들었어요. 그래서 약속을 잡은 거예요. 근데 선생님이 혼자 나오기가 조금 그러셨는지 친구분을 데려가도 되냐고 하시는 거예요. 선생님이 그동안 책을 몇 권 쓰셨더라고요. 그래서 그때 같이 작업하던, 말하자면 담당 편집자를 데리고 오신 거죠. 그래서 셋이서 엄청 어색하게 중국 요릿집에 가서 어떻게 지내셨냐 뭐 이런 얘기 저런 얘기 하다가 술도 마시고 그랬어요……. 기분이 이상하더라고요. (사이) 그리고 인상적이었던 장면이 있었어요. 막 먹고 있는데, 같이 오신 편집자님이 정말 죄송한데 일어서 있어도 되겠느냐고 그러는 거예요.

모로지

허리가 안 좋으셨나 봐요.

윤수

네, 허리가 안 좋아서 일어서 있어야 되겠다고. 근데 나의

[5회]

미래인가, 약간 이런 생각도 들고…….

모로지

앞으로 서서히…….

윤수

술잔을 이렇게 들고서 잠깐 앉았다가 다시 일어나시고. 아무튼 재밌었어요. 그리고 헤어졌습니다. 다시 연락을 또 드릴까 말까 고민 중이에요.

모로지

추억으로 남기는 것도 괜찮아요.

윤수

왜죠?

모로지

그냥……추억으로 남겨 놨을 때 아름다운 것들이 있는 것 같아요.

[우리 안의 이방인, 신, 괴물]

윤수

그렇기는 하죠? 저의 근황 끝!

지팡이

준비 많이 하셨네.

윤수

전 거의 매번 이 정도 준비를 했던 것 같은데요.

지팡이

뭐, 그간 임팩트 있었던 건 없었는데요.

윤수

왜냐하면 지호 님이 말을 너무 잘하셔서 그래요.

지팡이

그렇기는 하죠.

윤수

아무튼 오로지 님은 어떻게 지내셨나요?

[5회]

모로지

어깨가 무겁네요. 사실만을 말하는 것에 대해서 이렇게 어깨가 무거운 기분이 든 적이 있었나. 저도 뭐 별일이 있다면 있었는데요. 원래 제가 MBTI에서 T가 거의 100에 가까운 사람인데 최근에 좀 F 성향이 좀 짙어진 것 같다는 생각을 했습니다.⊙ 원래는 소설 같은 걸 볼 때도 좀 삐딱하게 보는 성향이 있었어요. 내년에는 좀 고쳐야겠다고 생각하는데, 매사에 좀 시니컬한 느낌? 비판적으로 어떻게든 깔 거 만들고 싶고 어떻게 해서든 긁어 부스럼 만들고 싶어 하던 사람이었는데요. 요새는 눈물을 흘린 적도 있습니다. 그래서 '내가 갑자기 왜 이렇게 변했을까?' 싶은 나날이었어요.

윤수

그럼 그 전에는 한 번도 눈물이 안 났어요?

모로지

고등학생 시절 소설 읽을 때 많이 울기는 했거든요. 최근에 뭔가 책을 다시 읽으면서, 책 재밌네 하는 생각이 드는 거예요. 여태까지 약간 숙제하듯이 읽는 편이었는데 최근에

⊙ T는 사고형(thinking)이고 F는 감정형(feeling)이다. 판단 기준이 사실판 중심(T)인지, 사람과 관계 중심(F)인지에 따라 나뉜다.

[우리 안의 이방인, 신, 괴물]

그냥 순수하게 끌림으로 접하니까 되게 매력적인 매체구나 하는 생각을 했고요. 최근에 위화의 『인생』이라는 소설을 읽었는데요.

다든
오! 저도 얼마 전에 읽었어요. 우셨어요?

오로지
찔끔했습니다. 하루 만에 읽었어요. 제가 원래 소설을 나눠서, 병렬 독서하는 편인데 너무 재밌어서요. (사이) 사실 최근에 퇴사를 했거든요.

윤수
최근 퇴사하셨다고요?

오로지
지난주에 사직서를 냈고요. 다음 달에 새로운 회사를 가요.

윤수
그럼 지금 쉬고 계시나요?

모로지

아니요. 출근은 하고 있습니다. 그러니까 인수인계 기간이 있잖아요. 그게 조금 길어서 이달 말까지는 출근을 하고요. 사직서를 지난주에 던져서 2~3주 정도 인수인계 기간인 셈인데, 사실 일을 안 하니까 책을 읽고 있죠.

윤수

그랬더니 독서의 즐거움이…….

모로지

이 즐거운 걸 왜 나만 하고 있지? 약간 그런 생각을 하기도 하고. 뭔가 좀 벗어나니까 재미있는 것 같아요. 저희가 책을 어필해야 할 때나 보도자료 같은 걸 쓸 때에는 이 책 너무 좋다, 내가 만든 책 정말 최고, 짱짱,⑨ 이 책은 정말 시대의 역작, 이렇게 어필하는데 사실 안 그렇잖아요. 아닌데도 해야 되니까 되게 괴리감이 오면서 읽기도 싫고 그랬는데. 사실 위화 책 읽은 것도, 윌라에 떴길래 그냥 산 거였거든요. 보도자료 보고 그런 것도 아니고요. 어떤 책인지도 몰랐어요, 그 작품이. 그냥, '뭐, 봐 볼까?' 했는데 단숨에 그 경험을 하고서 '역시 세상에 좋은 책이 너무 많구나, 평생을

〔 우리 안의 이방인, 신, 괴물 〕

살아도 다 못 읽겠구나' 하는 생각을 좀 했습니다. 다든 님은요?

다든

저도 최근에 진짜 좋은 책, 제가 올해 읽었던 책 중에 제일 좋은 책을 만났어요. 도서관에서 빌려 읽었는데 너무 좋아서 소장하려고 샀어요. 보르헤스의 『픽션들』. 보르헤스 처음 읽어 봤는데 너무 좋더라고요. 그래서 『알레프』도 같이 읽어 보려고 합니다. (사이) 보시다시피 파마했고요. 뭔가 큰일은 없었는데, 제가 골목 안쪽에 사는데 거기 길고양이가 되게 많아요. 근데 저희 동네 고양이들은 사람을 싫어해서 가까이 가면 다 도망가거든요, 무조건. 근데 지난주부터인가 어떤 고양이가 절 보고 오히려 다가오는 거예요. 제가 동네 고양이는 웬만하면 다 아는데 걔는 처음 본 애였어요. 새로운 애가 나타났구나, 하고 있었는데 걔가 마치 〈링〉의 귀신이 우물에서 매일 조금씩 기어 나오는 것처럼 날마다 점점 더 다가오는 거예요. 월요일에 골목 어귀에 나왔으면 화요일에는 제가 사는 건물 앞까지 왔다가 수요일에는 건물 안까지 막 들어오고, 엊그저께는 저희 현관 앞까지. 이게 그 간택이라는 것을 당한 건가 하고 생각했죠. 제가 사는 곳이 원래는 애완동물 금지인데……. 저희 옆집 사람도 몰래 고양이를 키우거든요. 그래서 저도 만약에 이 친구가 다음 주까지도 계속 따라온다면 좀 진지하게 생각해 보려고요. 이름도 지어 줬어요, 하치라고. 하치와레ⓐ라는 캐릭터를 닮아서 하치, 그리고 또 8월에 만나서 하치…….ⓑ 여튼 이 친구를 고민 중인 나날입니다. 말고는 별로……매일 같은 하루네요.

지팡이

왜 똑같아요. 다든 님은 도전의 아이콘이시잖아요.

다든

다 끝났어요.

지팡이

에이, 끝이 어딨어요? "모든끝은그러나시작에물려있음을!" 제가 좋아하는 박상륭 선생의 문장입니다.ⓒ 네. 제가 사실은 근황 울렁증이 있어서 근황을 이야기하면 먹먹해지고 머릿속이 아득해지고 가슴이 막 떨리고 그러는데, 여러분들 근황을 들으면서 오히려 세 가지 정도가 생각났어요.

[우리 안의 이방인, 신, 괴물]

윤수

네, 해 보세요.

지팡이

제가 어떤 웹툰을 보기 시작했는데, 참 재밌었습니다. 근황 하나 끝이고요. (사이) 두 번째는 책 이야기를 안 하고 싶은데, 결국 여러분 앞에서 책 이야기를 할 수밖에 없네요. 최근에 감명 깊게 읽었던 책이 『제텔 카스텐』인데요. 니클라스 루만이라고 독일의 사회학자가 있어요. 근데 그 양반이 양조장집 아들이었는데 갑자기 교수 제안을 받은 거예요. 그래서 교수직을 맡으려고 1년 만에 박사학위를 받은 거죠. 저는 그럴 수 없어요.

윤수

네.

지팡이

근데 그 비결이 제텔 카스텐이다.

윤수

언제 나오나 했네요.

[5회]

지팡이

빌드업[⊙]이 늦었죠? 제텔(zettel)이 메모, 종이, 쪽지라는 뜻이고, 카스텐(kasten)이 박스, 상자라는 뜻이에요. 말하자면 간단해요. 우리가 책을 읽거나 무슨 생각이 있을 때 외화(外化)를 시켜야 된다는 거예요. 외화해서, 메모를 통해서 체계적으로 정리했을 때 메모 안에서, 메모 간에 사유가 진전되면 글이 쑥쑥 나온다, 이거죠. 그래서 감명 깊어서 메모를 열심히 하고 있습니다. 제가 제텔카스텐의 효험을 나중에 간증해 보겠습니다. (사이) 지금 좀 늘어지는 것 같은데요, 마지막으로 눈물 말씀 하시니까 생각났죠. 최근에 스타벅스에서 대낮에 사람 많은데 오열한 적이 있었어요.

오로지

이게 처음에 나왔어야 되는데…….

지팡이

마저 이야기해 보자면 실리카겔 음악 때문인데요. 언제부터인가 학교에서 사람들이 실리카겔, 실리카겔, 이야기를 계속 하는 거예요. 그래서 저도 몇 곡을 들어 봤어요. '틱택

[우리 안의 이방인, 신, 괴물]

톡'ⓐ? '노 페인 노 게인'ⓑ? 뭐 이런 거 좋기는 하더라고요. 그뿐이었는데 최근에 제 측근 한 분이 어떤 영상을 보라는 거예요. 〈EBS 스페이스 공감〉에서 실리카겔이 실버 합창단이랑, 제목이, 리우 데 자네이루랑 비슷한 발음의 그 노래 있잖아요.ⓒ 그 영상을 보는데 갑자기 오열이 나오는 거예요. 꺼이꺼이 울었어요. 진짜 약간 목울대가 막 아플 정도로……. 그래서 난생 처음으로 연예인한테 DMⓓ을 보냈어요. 인스타그램 DM을.

ⓐ 〈Tik Tak Tak〉.

ⓑ 〈NO PAIN〉.

ⓒ 〈Hyudugakginu〉.

ⓓ Direct Message. 주로 플랫폼에서 아이(ID)가 직접 주고받는 메시지. 공개 메시지와 달리 대화 상대자만 내용을 볼 수 있다.

다른
직접이요?

지팡이
벅차올라 와서 바로.

오로지
뭐라고요?

[5회]

윤수

뭐라고요?

지팡이

저 좀 많이 울었는데, 어떻게 하실 거냐고. 책임지시라고.

윤수

엥? 그렇게 했어요? 갑자기요?

지팡이

실리카젤이 4명인가? 맞죠? 그중에 김한주 님이 거의 메인 보컬 느낌이거든요? 김한주 님에게 DM을 딱 보냈는데 며칠 동안 안 읽는 거예요. 근데 갑자기 며칠 뒤에 무슨 알림이 오더니 뭐에 초대됐대요. 그래서 '뭐지? 나를 뭔가 자기만의 공간으로 초대한 건가?' 했는데 알고 보니까 팬 카페 같은 건가 봐. 그래서 나는 그냥 n분의 1인가 그런 생각이 들면서…….

오로지

금사빠⁰시군요.

모두 사랑에 빠지다, 하고 그 사람들을 읽는 사람.

[우리 안의 이방인, 신, 괴물]

다든

연예인 처음 좋아해 보세요?

지팡이

연예인을 처음 좋아하는 게 아니라, 그 노래, 특히 그 공연이 좋았던 거죠. 그래서 어떻게든 그 양반한테 전달하고 가능하다면 뭔가 일을 도모해 보고 싶었던 거죠, 만남과 일을.

약간의 침묵.

윤수

그럼 책 이야기 간단하게 시작해 보겠습니다. 오늘 같이 이야기 나눌 책은 『우리 안의 이방인, 신, 괴물』, 니콜 올드먼과 게리 키드먼이 공저한 책이고요. 올해 천장지구 출판사에서 나온 번역서입니다. 이 책에 대해서 지팡이 님께서 간단하게 소개해 주시기 바랍니다.

지팡이

소개를 글로 준비, 정리할 때 참 열심히 했기 때문에 뭘 더 말씀드려야 할지 모르겠네요. 일단 이 책을 선택한 이유는 사실 오늘 저자 소개를 맡은 윤수 님의 제안도 있었어요. 그러니까 우리가 저자의 권위가 너무 강한 세상, 업계 아니면 독서 시장에 살고 있는 것 같은데요. 현대 사회에서 영향력을 많이 발휘하는 셀럽⊙에 대해서 생각해 보자는 의미로 아주 유명한 저자의 신간을 다루면 좋겠다는 제안이 있었고, 그래서 선택했습니다. 그리고 아무래도 제가 미디어 철학이랑 코뮤니즘, 공동체 이쪽에 관심이 많아서, 학부생이었을 때 감명 깊게 읽었던 두 저자의 신작이 마침 나왔다고 해서 골랐습니다. (사이) 14년 만에 둘이 작업을 했다는 것이 우선 주목될 만하고요. 들뢰즈와 가타리나 네그리와 하트, 패트와 매트, 톰과 제리, 월레스와 그로밋, 오성과 한음 이런 친구들처럼 한 쌍, 짝패로 두 번째 작품을 합작했다는 것도 주목이 되었어요. 그리고 저는 매체와 공동체, 영어로 하면 미디어와 커뮤니티겠죠. 그 둘의 어원상의 불가분한 관계에도 관심이 많은데, 그런 부분을 고찰하고 있어서 흥미롭게 읽었습니다. 무엇보다 그 매체와 공동체, 미디어와 커뮤니티를 잇는 것은 결국 나, 주체, 타자, 나와 남, 이런 것들일 텐데요. 내 안에 항상 이미 있는 타자라는, 다른 이름의 이방인 혹은 신, 괴물, 이런 여러 면모를 살피면서 미디어사(史)를 훑는다는 것도

⊙ 셀럽은〈celebrity〉의 준말. 지위나 상품성이 있어 대중에게 영향력을 미치는 사람. 일반적으로 세간에 그 이름이 널리 알려진 사람.

[우리 안의 이방인, 신, 괴물]

인상 깊은 책이었습니다. (사이) 그리고 이청년과 박노인도 협업을 많이 하는 번역가이자 연구자로 알고 있는데 이분들이 공역한 것도 되게 맞춤한 선택이었다고 봅니다. 출판사의 좋은 한 수였다고 생각합니다. 다른 세부적인 부분은 다 같이 심도 있게 이야기 나누면 좋겠습니다.

윤수

제가 저자 소개를 역자 소개와 함께 가져와 봤는데요. 아까 지팡이 님이 말씀하셨듯이 니콜 올드먼과 게리 키드먼, 저희처럼 책을 자주 보는 사람에게는 익숙한 이름일 것 같아요. 워낙 유명한 분들이라 날개와 이것저것을 참조해서 간단하게만 가져왔고요. 저는 사실 이 저자들의 작품을 읽은 게 처음이었습니다. 저희 모욕 게임 했잖아요, 그때 이 책이나 전작 말할까도 고민했는데 이번 기회에 읽게 되어 좋았습니다. (사이) 먼저 올드먼은 1950년생이고 아시다시피 현대를 대표하는 미디어 철학자입니다. 근·현대 철학자들의 입장들, 사상들과 매체 미디어를 결부시켜서 현대 사회를 읽어 내는 작업을 지속해 오고 있고요. 파리 제20대학교에서 박사학위를 받았고 게리 키드먼과는 2000년에 만났다고 하네요. 지금은 미국에 살면서 정치학 교수로 재직하고 있고 대표 저서는 14년 전에 나왔는데 번역이 안

됐더라고요. 그리고 단독 저서로『미디어 권력과 민주주의』,『우리는 결코 휴먼이었던 적이 없다』……등 다수가 있었습니다. 그리고 이번『우리 안의 이방인, 신, 괴물』을 같이 쓴 게리 키드먼은 니콜 올드먼과 띠동갑으로 1962년생이고 미디어 이론가입니다. 올드먼과 비슷한 연구를 지속하는 것 같아요. 그리고 역시 파리 제20대학교에서 신학을 전공하고 독일로 건너가서 철학으로 박사학위를 받았습니다. 지금은 독일의 한 연구소에서 미디어 연구를 계속하고 있고요.『인간과 비인간』,『보는 것: 혹은 보이는 것』등을 썼습니다. (사이) 이청년과 박노인도 이름 많이 들어 보셨을 텐데요. 이번 작품을 같이 번역했습니다. 이청년은 뭐 워낙 TV에도 많이 나오고 지면에서 의견도 많이 내는 분이어서 익숙하실 것 같은데요. 한국대학교 교수고요. 역시 파리 제20대학교에서 석사학위와 박사학위를 철학으로 받았고, 박노인과 함께 올드먼과 키드먼의 저작을 모두 맡아서 소개하고 있습니다. 저서로『타자 사회』,『휴먼의 종말』등을 썼고요. 박노인도 이제 한국대학교, 참 대단한 학교죠. 한국대학교에서 석사까지 하고 미국으로 건너가서 미디어 문화 연구로 박사학위를 받았고요. 지금은 연구소에 있으면서, "출강하고 있다"라는 표현으로 봐서 전임이 못 되었나 봐요. 쉽지 않겠죠. 활발하게 연구를 하고 있고, 저

〔 우리 안의 이방인, 신, 괴물 〕

서는 아직 공저 하나더라고요. 『인간, 다음』. (사이) 저희가 북클럽 하면서 다룬 책들 중에 이 책은 가장 학술에 가까울 것 같아요. 책에 스펙트럼이 있다면 완전 교양서가 있고 완전 학술서가 있을 텐데요. 혹시 학술서를 좀 읽으시나요? 평소에 지팡이 님은 제텔 카스텐을 하면서…….

지팡이
연구자 지망생으로서 많이 참고하고 있습니다.

다든
저는 솔직히 학술서는 안 읽었는데요. 일하면서 필요에 의해서 읽게 되었어요.

오로지
저는 커리어를 학술 출판사에서 시작했는데 학술이 싫어서 나왔거든요. 그러다 보니 쉽지 않은 부분이 아닌가……. 잘 읽는 경우는 별로 없는 것 같아요.

윤수
저도 만약 담당 원고가 학술이고 잘 모른다, 그래서 공부하고 작업해야 되는 책이다 하면, 처음에는 공부를 하려고 하

[5회]

지만? 나중에는 교정만 허겁지겁 보게 되는……. 공부할 시간이 없어요. 학술서는 그나마 학교 다닐 때나 읽었던 것 같아요. 그리고 읽게 된다면 작업 원고로 만났을 때 읽는데, 그거는 사실 읽는다고 할 수 있나요? 편집을 하는 거죠. 그래서 아주 오랜만에 읽은 학술서였던 것 같아요. 철학 책은 좀 읽으시나요? 당연히 지팡이 님은…….

지팡이

맞습니다. 당연히 읽죠. 때론 불가피하게 원서도 읽고요.

오로지

『이방인, 신, 괴물』이라는 리처드 커니의 책이 있잖아요. 그리고 이 책의 원제는 "이방인, 신, 괴물"이 아니고 "Men from Us"인데요. 리처드 커니의 후속작인 것처럼 약간 어필하려고 번역서 제목을 바꿨으려나, 출판사의 의도가 조금 그랬으려나 그런 생각이 들었습니다.

지팡이

그런 경우 많이 없나요? 번역서 작업할 때 제목을 약간…….

[우리 안의 이방인, 신, 괴물]

윤수

그러게요, 어떠세요?

오로지

저는 역서 위주로 작업을 하는데요. 제목을 어떻게 편집할지를 되게 고민을 많이 해요. 출판사 천장지구가 고민을 많이 한 게 보였습니다. 어쨌든 『이방인, 신, 괴물』을 읽었던 독자라면 이 책을 좀 기다렸을 거고 리처드 커니 책은 나온 지 20년 정도가 넘었기 때문에 20년 후에 다시 읽는 느낌으로 한다면 학술 독자들을 좀 끌어올 수 있지 않을까 하고 생각했을 것 같아요. 원제를 그대로 살렸다면 독자들은 뭔 책인가 하는 생각이 들걸요.

지팡이

영화 〈맨 프롬 어스〉도 떠오르네요.

오로지

그렇죠, 마치 의도한 것처럼. 그러고 보니 지팡이 님, 이 책을 추천한 이유가 혹시 있으셨나요?

지팡이

추천한 이유가……글쎄요. 핫한 철학들이 많이 녹아 있어서……. 앞서도 말씀드렸지만 제 전공과목이나 관심 분야하고도 많이 닿아 있었고요. 무엇보다 요즘이 포스트 구조주의도 가 버리고 포포구, 포스트 포스트 구조주의까지 와 버린 시대라는 거예요. 인간뿐 아니라 인간이 아닌 행위자도 서로 관계를 맺는 사회라는데, 그런 시각이 미디어와 철학과 존재와 다 얽혀 있기 때문에 골랐고요. 또 제가 공부하면서 참고하는 도서들이 많이 알려지면 좋겠다, 대중한테 많이 알려지면 좋겠다는 마음이 있어서 조금 무리해서 선택한 감도 있을 거예요. 그렇지만 저는 북클럽 동료들을 믿고 있기 때문에 이렇게 골라 봤습니다.

다든

저는 이 책을 읽고 몇 달 전에 국현미⊙에서 보고 온 전시 〈사물은 어떤 꿈을 꾸는가〉가 생각났어요. 지금도 하고 있는데, 비인간과 인간의 관계를 탐구하는 전시예요. 미디어가 중심은 아니지만 비인간의 일종으로 다루는 부분이 있더라고요. 거기에 함께 전시된 단행본 중에 빌렘 플루서 책이 있었어요.『사물과 비사물』. 지금 정확히 기억은 안 나는데, 우리가 지금까지

[우리 안의 이방인, 신, 괴물]

일상에서 쓰던 사물과 인터넷 미디어가 도래한 이후의 사물들은 우리에게 다르게 다가올 것이다, 이런 내용이 있었거든요. 당연히 그렇게 생각하시겠지만 새로운 미디어가 나타났을 때 미디어를 사용하는 행위 자체가 우리한테 주는 영향 외에도, 그 바깥에 직접적으로는 관련 없어 보이는 것들도 미디어 이전과 이후로는 완전히 달라질 거라고 생각했고, 그런 게 뭐가 있을까를 같이 이야기해 보고 싶었어요.

다소 긴 침묵.

지팡이
와……. 숨 막혀. 아무 말도 못 하겠네요. 간단하게 다시 말해 주세요.

다든
다른 이야기를 할게요. 소셜 미디어가 생기고 나서 차별과 갈등이 더 심화되었다는 의견도 있고 다양성을 접하는 창구가 더 늘어났다는 의견도 있겠죠? 이 책에서는 둘 다 다루는데, 다른 분들은 어떻게 생각하시는지 궁금했어요.

지팡이

근데 그게 결국에는 너무 기술 결정론 같아요. 긍정적으로든 부정적으로든 영향을 미쳤느냐, 안 미쳤느냐 하는 접근은 미디어가 이미 많은 결정권을 행사하고 있다는 식의 접근인 것 같아서 저는 좀 지양해야 된다고 생각해요.

다든

그럼 우리가 흔히 생각하는 것보다는 미디어에 영향을 받지 않고 있다는 말씀이세요?

지팡이

아니죠. 미디어와 사회가 단순하게 어떤 인과관계를 맺는다고는 생각이 안 든다는 거죠. 말하자면 선형적인 게 아닌 거죠. 인과관계가 아니라, 그리고 선형적인 게 아니라, 우리는 계속 일종의 순환적인 관계를 맺는다고 생각해요. 그런데 그게 또 완벽한 원형은 아닌 관계. 말할 기회가 있을 때마다 항상 영화 〈컨택트〉 이야기를 하는 것 같은데, 전에 여기에서도 이야기했죠? 제가 헵타포드처럼 언어생활을 했으면 좋겠네요. 지금도 그걸 설명하기 위해서 말이 선형적인 구조를 취할 수밖에 없으니까 어려움을 겪고 있는데요. 이런 한계를 인식하면서 어떻게 말할 수 있을지 또 돌파해 나갈 수 있을지를 고민하는 게 결국 학문과 예술이 해야 할 일이라고 생각합니다.

오로지

철학은 사실 잘 모르는 분야라서……. 제가 비트겐슈타인이 한 말을 참 좋아합니다. "말할 수 없는 것에는 침묵해야 된다."ⓐ 이 말을 모티브 삼아서 늘 침묵하는 편인데요. 사실 이렇게 철학이라고 하면 말을 한마디만 하려고 해도 이미 많은 것을 알아야만 될 것 같은 부담이 있어요. 뭔가 다 알아야 지금의 포스트 구조주의 같은 걸 말할 수 있는 것 같아서 저는 아예 시작을 안 했거든요. 그게 저에게는 너무 장벽같이 느껴져요. 이 책을 보면서도 책의 내용이 커니의 책을 읽은 사람 외에 대중에게도 닿을 수 있을까, 그런 생각을 많이 했고요. (사이) 이 책에 나왔던 차별 이야기도 생각해 봤는데, 너무 빨리 나오고 빨리 사라지기 때문에 관측도 빨리 되지만 그만큼 휘발도 빨리 된다? 그래서 생명력이 없는 게 아닌가 싶었습니다. 그러니까 어제까지만 해도 어떤 떡밥ⓑ이 터져서 누군가를 욕하고 비방해도, 그다음 날 그것보다 더 심한 떡밥이 나타나면 그 전날의 떡밥은 없었던 것처럼 아예 사라져 버리는 모습을 저희가 자주 목도하고 있지 않나요? 과연 미디어가 차별을 야기한다고 볼 수 있을까, 실제로 미디어가 무슨 기능을 하고 있을까도 조금 생각해 보게 되는 것 같아요. 미디어가 정말 많은 걸 전달하고 콘텐츠를 담고 있다고는 하지만, 콘텐츠가 많은 사람들에게 소비되더라도 오래 기억되지도 않는다면 뭘 담고 있다고 할 수 있는지…….

윤수

저는 이 책이 아주 오랜만에 읽은 철학서인데, 얼마나 오랜만이냐면 이 전에 읽었던 철학서가 뭔지 기억이 안 날 정도예요. 저는 읽는 게 힘들었어요. 그러니까 일단 진입 장벽이 너무 높다는 생각이 드는 거예요. 이 책은 나 같은 사람을 생각하면서 쓴 책도 아니고 만든 책도 아니다, 그런 생각을 계속하면서 읽었고요. (사이) 근데 미디어 이야기를 계속하니까……책이라는 매체를 생각하게 되더라고요. 우리가 몸담고 있는 출판계, 우리가 만들어 내는 매체요. 책도 매체잖아요. 근데 혹시 책은 이미 죽은, 혹은 지나간 매체인가? 이런 생각이 들었는데, 올드먼과 키드먼이 미디어가 공동체를 어떻게 만들어 나가는지에 관심을 계속 가지잖아요. 그래서 만약 책이라는 매체가 어떤 공동체를 만든다면, 그 공동체는 지금 어떤 모습일까 이런 생각이 들더라고요. 이 책만 해도 대상 독자, 목표 독자가 있을 것이고 그 독자층이 공동체라고 한다면……그냥 쉽게 말해 버리자면 이 책이 1,000부는 팔렸을까, 그 공동체의 인원이 1,000명은 될까, 이 생각이 드는 거죠. (사이) 근데 또 다르게 생각하면 이런 콘텐츠, 메시지는 책이라는 매체만 전달할 수 있는지도 모른다. 말하자면 이런 이야기를 유튜브로 할 수 있을까? 책이라는 매체가 어떤 고유성을 가지고 있다면 그것을 이 책이 보여 주고 있지 않나? 이런 생각도 들었어요. 쉽지 않았다는 이야기입니다, 저한테. 저는 이거 책 소개도 너무 어려워서요. 이걸 어디서 가져오셨어요? 보도자료? 아무튼 이 모든 것들이 이 책이 저를 환대하고 있는 느낌이 아닌 거예요.

오로지
저도 같은 인상을 받았습니다.

윤수
근데 이런 책이 그러면 나오면 안 되나? 그건 또 아니잖아요. 책으로만 할 수 있는 이야기일 수도 있는 것이고. 그래서 좀 복잡한 심경이 들었어요.

지팡이

반대로 윤수 님도 이 책을 환대 못한 거 아니에요?

윤수

당연히 그런 것도 있죠. 비인간에 대해서 생각해 본 적도 없고요. 그런데 이 책을 읽으려고 하니 이거는 나 보라고 만든 책은 아니네, 이런 생각을 많이 했죠. 근데 올드먼과 키드먼이 매우 유명한 저자잖아요. 다들 이름은 알고 유튜브에도 '20분 만에 이해하기'식의 콘텐츠도 많아서 언젠가는 읽어 봐야겠다는 부채감이 항상 있는 저자들이기는 했어요. 다만 서로 환대해 주지 않았다……. 왜 이렇게 인기가 많을까요?

지팡이

있어빌리티[1]? 근데 여기에서 환대는, 결국 잘 알지도 못하는 레비나스까지 들먹이게 되는데, 선택의 문제가 아니라 어찌할 수 없음이 깔려 있는 것 같거든요. 가난하고 연약한 자들의 얼굴, 우리가 결국 돌아볼

[1] '있어빌리티'는 '있다'와 영어의 접미사 'ability'의 합성어로, 뭔가 그럴싸하고 있어 보이게 만드는 능력을 뜻하는 신조어다.

[우리 안의 이방인, 신, 괴물]

수밖에 없는 그 윤리적인 호소.

오로지

이미 수용해야 할 수밖에 없는 상황이라는 거죠.

윤수

그냥 나에게 닥치는 그런 건가요? 어쨌든……. 이거 올해의 책 될까요? 어떨 것 같아요?

다든

학술 분야에서는…….

윤수

기사는 많이 떴던데요.

오로지

교수들이 밀어줘서 될 것 같아요.

윤수

그렇죠, 한국대학교.

오로지

되는 책만 되잖아요, 우수학술도서.⊙

지팡이

한국대만 되는 거예요?

오로지

최대 종수는 다 채우는 편이죠.

윤수

그렇구나…….

오로지

저도 이 편집자의 보도자료를 보면서 느꼈는데요. 예를 들어서 여기서 나오는 '환대', '윤리' 같은 개념이 저처럼 아무것도 모르는 사람이 생각하는 '환대'라는 단어와는 완전히 다른 의미잖아요. 근데 이렇게 이제 보도자료에 떡하니 '레비나스의 환대', '윤리'가 나오니까, '난 레비나스 누군지 모르는데?' 싶으면 여기에서부터 장벽이 생기는 거예요. 레비나스를 먼저 이해해야 이 책의 내용을 이해할 수 있기 때문에 조금 장벽이 좀 있지 않나 싶어요. (사이) 혹시 지금

⊙ 우수학술도서: 대한민국학술원에서 학술 및 공익에 이바지할 수 있는 우수 도서를 매년 분야별로 선정하여 시상하는 도서. ISBN 부가기호 중 독자대상기호가 "9(전문)"로 표시된 책을 선정 대상으로 하며, 신청도서를 국내 대학에 추천합니다.

[우리 안의 이방인, 신, 괴물]

철학 트렌드가 다시 '공동체' 이쪽으로 가는 건가요?

지팡이

트렌드인지는 잘 모르겠고요. 저는 계속 관심이 있어서 그런지 몰라도 절대 간과될 수 없다고 생각해요.

윤수

그럼 마지막으로 번역 이야기만 해 볼까요? 번역 어떠셨는지.

오로지

원서가 영어죠?

약간의 침묵.

윤수

영어인가요? 영어죠, 영어죠.

오로지

철학 용어의 번역이 되게 어려울 것 같아요. 전기가오리도 철학 용어의 정확한 번역을 되게 중요시하잖아요. 이 책에도 많은 철학 용어가 나오는데 옮길 때 조금 어려웠을 것 같아요.

다든

특히 철학서를 작업할 때 최대한 원문 그대로 옮기는 역자랑, 국내 독자가 읽기 쉽게 옮기는 역자로 나뉘잖아요. 그 사이에 건널 수 없는 강이 있다고 생각하는데……, 이분들은 전자가 아니었나 싶어요.

오로지

직역주의죠.

다든

뭐가 맞다, 그르다를 말하기는 너무 어려운 것 같아요. 철학서는 용어 하나의 토씨도 바꾸면 안 된다는 분들도 있고, 뭐든 간에 읽을 수가 없는데 그대로 옮겨 봤자 무슨 소용이 있나, 이런 이야기를 하는 분들도 있고. 철학 연구를 하시는 분들은 역시 직역을 더 선호하나요?

지팡이

가장 최선은 자기가 원서를 읽을 정도의 언어 능력을 습득

하는 것이겠죠. 근데 그게 안 되어서 역서를 주요하게 참조해야 한다면 이 번역가들의 정체성처럼 연구자 입장에서는 직역을 좀 더 선호하지 않나, 저는 그렇게 짐작하는데요. (사이) 메멘토의 〈나의 독법〉 시리즈로 신우승 씨가 낸 책ⓓ이나 전기가오리 출판물만 봐도, 기존 학계에서 유통되는 정착된 용어에 대해서 문제를 계속 제기하거든요. 이런 제기가 당연히 필요하기는 한데, 번역어 하나만 바뀌어도 모든 출판물이 무용지물이 되는 경우까지 초래할 수 있죠. 글쎄요, 학술 번역은 결국 전체적인 번역어 체계를 존중해야 되지 않나 하는 생각이 들기는 해요. 물론 모든 문제 제기가 체계를 존중하지 않는다는 것은 아니고요, 정당한 문제 제기라면 마땅히 존중이 전제되어야 한다는 말입니다…….

오로지

가끔 일부러 난해하게 쓰는 철학자도 있잖아요. 그런 철학자의 원전을 번역한 텍스트도 일부러 그 난해함을 그대로 옮기기 위해서인지 번역을 못해서인지 정말 어렵게 표현하는 경우도 많더라고요. 저는 연구자가 아니다 보니까 그런 책 볼 때마다 참 좋은 핑계가 있어서 좋겠다 하는 생각을 했는데요. 일러두기부터 예컨대 '이 책은 스피박의 난해함을 그대로 옮겨 왔다' 그런 게 있으면 사실 들어가기 전부터 겁먹고 시작하거든요. 근데 옮기는 사람까지는 그럴 수 있는데, 담당 편집자의 입장에서는 고민이 많이 될 것 같아요. 어쩌면 스피박의 모든 텍스트를 이해해야 편집할 수 있는지도 몰라요. 근데 그럴 수 있는 사람이 많지 않기도 하고요. 잘 옮겨도 누군가는 '야, 이거 왜 잘 옮겨 버렸느냐' 할 테고 못 옮겨도 '야, 이거 왜 못 읽게 만들었느냐' 할 테고 좀 가불기ⓒ에 걸리는 상황이 아닐까요. 특히 학술서 중에 논문집인 경우도 있잖아요. 정말 완결된 하나의 서사라기보다는 업적 때문에 모여서 나오는 책들이요. 그런 책을 볼 때도 현실적으로 쉽지 않겠구나 하는 생각도 듭니다.

다든

학술서는 편집자 권한이 사실상 거의 없다고 봐도……. 제안을 해도 저자가 극대노ⓔ 할 때가 있으니까 쉽지 않아요. 저는 그런 메모도 받아봤어요. "이 문장은 이해하라고 이렇게 쓴 게 아니라 일부러 생각을 하게 만들려고 이렇게 쓴 거다. 이해가 되면 안 된다."

[우리 안의 이방인, 신, 괴물]

오로지

그러면 그냥 바로 인쇄 때려 버리지, 왜…….

지팡이

아찔하네요.

6회

2024년 9월 27일 금요일

없는 책

없는 책

없는 책

없는 책

『없는 책』(서브프레스, 2024)

본문이 없고, 부속물㉠로만 구성되었다.

앞부속물로는 약표제면, 표제면,㉡ 간기면(판권),㉢ 헌사, 추천사(추천의 글), 제사(題詞),㉣ 지도, 인물 소개, 차례, 도판 차례, 일러두기와 서문이 있다. 뒷부속물로는 후기, 감사의 글, 부록, 더 읽을 만한 문헌들, 참고문헌, 미주, 도판 출처, 색인(용어, 인명)이 있다.

양장이다. 표지는 띠지, 겉표지(재킷), 속표지(싸바리)로 구성되었고, 면지㉤가 있다. 가름끈이 있다. 그리고 삽지가 있다. 아마도 비문학이다. 부속물만 봤을 때, 어떤 인물에 대한 평전인 것 같다.

㉠ 본문 외에 책을 구성하는 요소들.

㉡ 본문의 가장 처음에 제목과 저자(역자)의 이름, 출판사 로고만 들어간 면.

㉢ 출판한 때, 곳, 발행자 따위를 적은 면.

㉣ 책 또는 내지 첫머리에 인쇄된 노래나 시 따위를 적은 것.

㉤ 표지와 내지 사이에 넣는 종이. 보통 색지를 쓴다.

윤수

지난번에는 여름휴가 기간이기도 하고 아프신 분도 있어서 네 명이 했는데요. 오늘은 모두 와 주셔서 다시 한번 감사드립니다. 간단하게 근황을 먼저 나누겠습니다. 연다 님, 오랜만에 오셨는데 그동안 잘 지내셨어요?

연다

저는 지난 모임 때 코로나에 걸려 가지고 참석을 못 했는데요. 코로나 바이러스가 좀 약해진 줄 알았는데 똑같이 그냥 앓아야 되더라고요. 그래서 그냥 한 3~4일 앓았고, 지난 모임 있던 날이 출근한 첫날인가 그랬는데, 올까 하다가 약간 조금…….

윤수

그렇죠, 마음이…….

연다

그냥 안 오는 게 낫겠다 했어요. 그 이후로는 평소처럼 금방 또 회복해서 잘 지냈습니다. 그리고 요새 기타를 배워요. 3개월 정도 되었습니다.

[없는책]

윤수

3개월이면 한 곡 완곡할 수 있지 않아요?

연다

벌써 세 번째 곡을 하고 있습니다. 리프를 이제 들어갔고, 그 전까지는 코드만 했는데요. 진도가 빨리 나갔어요. 근데 정신건강에 악기를 배우는 게 되게 좋더라고요. 정신건강을 위해 추천드립니다.

지호

저희는 언제 들을 수 있어요?

윤수

공연 생각 있으세요?

연다

아니요. 그냥 저를 위해서 혼자 하는 거라…….

윤수

그렇군요. 하긴 밴드가 있어야 될 것 같아요.

[6회]

연다

나중에 뭔가 기회가 있다면…….

지호

좋습니다!

윤수

지호 님은 어떻게 지내셨나요?

지호

저도 코로나 걸려서 못 왔죠? 저는 그렇게 아프진 않았어요. 후각만 안 느껴졌고 맛은 완전히 안 느껴지는 정도? 저는 두 번째였는데 첫 번째 때 엄청나게 세게 걸렸었고 두 번째는 견딜 만하더라고요. 참 느닷없이 그런 일이 있었네요. 그게 벌써 꽤 됐으니까 지금은 잘 회복을 했고요. 저도 일, 퇴근, 일, 퇴근, 이거밖에는 잘 기억이 안 나요. 근데 그게 그렇게 막 씁쓸하거나 그렇지 않고요. 또 일하는 시간도 재밌으니까요, 나름. 힘들 때도 있지만……. (사이) 그리고 지금 생각나는 것은, 뭐랄까, 잼얘는 아니지만 제가 얼마 전에 깨달은 건데요. 저는 주로 비즈니스 분야를 하다 보니까 문학이나 에세이 분야와는 좀 다른데, 회장님들 같은 분

[없는책]

들 책을 하면 스토리 작가분하고 작업을 하게 되거든요? 대필이라고 하죠. 그런데 업계에 뭐가 있죠? 단가라는 게 있잖아요. 스토리 작가도 단가가 있습니다. 그래서 으레 제가 늘 거래해 오던 그 금액을 작가에게 제안드렸는데, 단칼에 거절하시는 거예요. 금액이 너무 낮다고요. 그래서 그때 좀 당황했는데요. 이야기를 들어 보니 자기는 1년에서 2년에 한 권 정도 작업을 한다, 그러니 그 작업비는 나의 연봉이다, 내가 생활을 하는 데 필요한 연봉. 이렇게 말씀하시더라고요. 그래서 그때 제가 새삼스럽게 좀 놀랐어요. 저는 그냥 이 정도 돈이면, 뭐······.

윤수

서운하지 않으시겠다······.

지호

오히려, 부럽다, 내가 오히려 하고 싶다, 막. (웃음) 편집자는 이렇게 고생을 하는데 작가님은 짧은 시간에 글을 쓰니······. 이런 생각까지도 했는데, 안일했던 거죠. 그분 말씀을 들어 보니까 그게 아니더라고요. 그게 자기의 최저 생활비라는 거예요. 그래서 내가 생각하는 그 단가 수준과 실제 작업자의 단가 수준이 많이 차이가 있다는 걸 깨달았고, 그

[6회]

때부터는 좀 고민하게 되더라고요. 물론 제가 돈을 드리는 건 아니지만요. 저도 언젠가는 혼자서 일을 할 때가 올 텐데, 그 금액의 기준에 대해서 좀 생각을 했던, 얼마 전에 있었던 일이었습니다.

윤수

근데 전에는 역사 책 주로 하신다고…….

지호

역사책? 아, 역사책, 역사……. 어르신들 책을 하다 보니까 이제 역사도 다루고 출판사 사정이 어렵다 보니까, 다른 분야로 확장을 해서……기억력이 좋으시네요.

윤수

하하하. 저는 요즘에 푹 빠져 있는 예능 프로그램이 있어요. 다들 보셨을 것 같은데 〈흑백 요리사〉입니다. 그 프로그램을 요즘 보는 게 제 낙인데요. 다들 보시나요?

지팡이

처음에 켜자마자 어떤 남자가 욕해서 껐어요. 뭐라고 그랬더라, 모가지를 따겠다고 했나.

[없는 책]

오로지

장난 아니네요. 생선 모가지를 따겠다는 거였겠죠?

윤수

아무튼 거기에 심사위원이 두 분이 나오는데 한 명은 이제 백종원이고 한 명은 안성재 셰프예요. 근데 안성재 셰프가 너무 멋진 거예요. 맛을 매우 엄격하게 판단하고요. 제가 원래 유튜브를 안 보는데, 안성재 셰프가 백종원 유튜브에 나온 콘텐츠까지 봤어요. 거기서 과거 이야기를 하더라고요. 되게 엘리트 코스를 밟은 줄 알았더니, 어릴 때부터 요리를 했던 건 아니고 20대 때 요리를 시작해서 고생을 많이 했대요. 미국에서 아주 고급 레스토랑에서 일을 하기도 했지만 무급으로 일을 한 적도 있고, 신용불량자 시절도 있었고, 포도밭 중간에 있는 오두막에서 지낸 적도 있다는 거예요. (사이) 근데 그걸 보면서……파인 다이닝이라는 게 엄청난 고급 분야잖아요. 가격도 한 끼에 최소 30만 원 정도라니까 사람들이 한 번 가서 쓰는 돈도 많을 테고요. 근데 그 업계가 일하는 사람을 무급으로 갈아야 돌아가는 산업인 것 같은 거예요. (사이) 출판계도 그렇지 않나. 무엇인가를 하고 싶어 하는 사람의 어떤 마음을 갈아서 돌아가지 않나. 그런 생각이 나서 약간 우울했습니다.

[6회]

지팡이

재미는 언제 나오죠?

윤수

아, 그냥 맘이 그랬다고요……. 아무튼 추천드립니다. 응원하는 요리사도 있습니다. 제가 원래 서바이벌 프로그램을 볼 때면 외국인을 응원하거든요. 근데 거의 다 떨어졌어요. 그래서 에드워드 리를 응원합니다.

연다

(웃음) 그분은 응원이 필요 없을 것 같아요.

윤수

하긴 너무 잘하시죠. 이상입니다. 히구치 님은요?

히구치

저는 잘 지내고요. 지난 북클럽 당일 행사가 있었는데 제가 사회를 맡아야 했고, 배본이 있었고, 또 마감도 있었어요. 일이 한꺼번에 다 몰리는 바람에 집중력과 체력이 달려서 못 왔습니다. 담당 작품으로 만들어진 드라마가 10월에 시작되어서 할 일이 되게 많더라고요.

[없는책]

윤수

드라마화가 되면 출판사는 무슨 일을 하나요?

히구치

시리즈 만화니까 일단 도서를 완결권까지 출간해 놓고요. 도서 완결 세트도 만들어 놓고요. 각종 홍보를 합니다. 드라마화를 통해 크게 홍보할 기회가 온 것이니까요. 그리고 홍보물을 만들 때 분야가 만화면 작가님의 그림을 활용하게 되잖아요. 그림 한 컷 한 컷 쓸 때도 다 허락을 구합니다. 물론 작가님이 다 활용해도 된다고 해 주시지만 아무튼 그런 컨펌[ᵒ] 일이 많죠.

ᵒ confirm. 어림이나 승인을 받다. 좀 더 넓거나 약한 사용은 '확정하다'의 뜻으로 사용한다.

윤수

좋은 일이기는 하죠?

히구치

호재죠. 10월 파이팅 해 보자고 생각하고 있습니다.

오로지

저는 재밌는 이야기는 따로 없는데요. 지난번에 왔을 때 제가 퇴사를 고민하고 있었나요? (사이) 아, 이미 사직서를 냈었죠. 그래서 이번 달 1일부터 퇴사했고 앞으로 한 달 동안 쉬었다가 다음 회사에 갑니다. 그래서 쉬는 동안 사실 행복하게 살았습니다.

윤수

진짜 기분 째지겠다.

모로지

아무것도 안 하는데 너무 즐겁고요. 오랜만에 짬이 났으니까 뭘 하자, 이런 거를 좀 덜어 놓고 그냥 마음 가는 대로 하자 하는 마음이에요. 그래서 전국을 한번 여행했는데요. 계획을 세우고 간 게 아니라 가면서 세웠거든요. 그래서 숙소 예약도 안 하고 차 타고 그냥 달렸어요. 나름 콘셉트가 있었는데, 도(道)마다 서점을 하나씩 가자는 거였어요. 충북, 충남, 전북, 전남, 경남, 경북, 강원 찍고 집에 오는 일정으로요. 근데 이게 돌다 보니까 제가 원래는 좀 느긋하게 갔다 오려고 했는데 3박 4일로 뛰었네요. 뭐, 방방곡곡 다 찍고 온 건 아니고 그냥 가고 싶은 데 있으면 가고 하는 식으로…….

[없는 책]

윤수

네? 3박 4일? 그냥 서점만 찍고 온 거 아니에요?

오로지

아니, 오히려 서점도 가다가 보이면 가고 안 보이면 안 가고 그런 식이었어요. 근데 집에 오니까 너무 일하고 온 느낌이 나는 거예요. 저 혼자 여행하니까 그냥 달리게 되는 거예요. 그래서 원래는 한 3시간 정도 걸려야 되는데 1시간 반 만에 도착해서 밥때도 애매하고……. 그러다 보니까 생각보다 일찍 돌아왔는데요. 그냥 제가 스스로에게 쫓기는 사람인가 봐요. (사이) 서울은 사실 서점 가기가 되게 쉽고 많잖아요. 근데 지방은……제가 군(郡) 정도 되는 곳으로 갔거든요? 구례 이런 쪽이요. 거기에도 책을 보고 싶어 하는 사람이 있을 텐데 서점이 근처에 없을 수도 있고 배송이 늦을 수도 있잖아요. 그래서 지역에서는 어떻게 문화권을 형성하고 있나 약간 궁금했는데 직접 보고 와서 재미있었고요. (사이) 돌아와서는 딱히 별일은 안 했네요. 『사카모토 데이즈』를 우연히 보게 되어서 쿠키 태우면서⊙ 재밌게 보고 있습니다. 재밌더라고요. 추천.

⊙ 넷플릭스에서 사용하는 표현을 많이 쓰는 어디에서는 편이다.

[6회]

다은

저도 여행 다녀왔는데요. 연휴 때 홍콩 갔다 왔어요. 홍콩을 처음 가 보는 거라서 홍콩 영화를 엄청 많이 보고 갔거든요. 뭔지 아시죠? 맛있는 거 먹기 전에 먹방ⓛ 많이 보고 가는 것처럼. 제가 〈중경삼림〉을 스무 살 때 시도했다가 너무 재미가 없어서 금성무 나오는 1부만 보고 껐었어요. 그땐 너무 지루했어요. 그 뒤로 왕가위 영화를 하나도 안 보다가 이제야 봤는데 너무 재밌는 거예요. 〈중경삼림〉 다들 보셨나요? 거기서 왕페이가 양조위 집에 들어가서 온갖 걸 바꿔 두는데, 양조위는 모르잖아요. 어떻게 저 난리를 치는데 모르고 살까, 이런 생각을 하면서 홍콩에 갔는데, 홍콩 사람들 보니까 너무 쿨해요.ⓔ 약간 오바해서 말하자면 양조위가 모를 만도 하겠더라고요. 주변에 신경을 안 쓰고 내 할 일 하면서 사는 느낌? 식당에서도 합석 문화가 있다는 거예요.

윤수

초면인 사람도 그냥요?

[없는 책]

다튼

어떤 식이냐면, 4인석에 손님이 혼자서 먹고 있는데 세 사람이 들어오잖아요? 그럼 식당 주인이 그냥, 이미 와 있던 손님 그릇을 밀어요. 그렇게 만들어진 자리에 앉아서 먹으면 되는 거예요. 손님도 아무 말 없이 먹고요.

지호

그 손님이 친한 단골인 거 아니에요?

지팡이

그 가게만 그런 거 아니에요?

다튼

여러 번 그랬어요. 다들 그런 거에 개의치 않더라고요. 여튼 그렇게 홍콩 영화에 빠져서 여행 전후로 많이 봤고요. 또 요새 고전 영화를 좀 찾아보기 시작했는데, 웬만한 건 유튜브에 다 올라와 있어요. 그건 되게 편한데 문제는 대부분 자막이 없어요. 있어도 영어 자막만 있고. 그래서, 여행 가서도 느꼈고 영화를 보면서도 느꼈는데, 영어 공부를 좀 해야 되겠다는 생각을 했습니다.

[6회]

지팡이

영어권 고전만 보는 거예요?

다든

일단 지금은 그렇습니다. 버스터 키튼 영화가 요새 되게 좋아요.

윤수

말이 필요 없죠.

지팡이

저는 최근에 텍스트 힙의 성지인 군산 북 페어에 다녀왔습니다. 여러 페어들을 다니다 보니 느끼는 바가 있기도 하고 오히려 약간 식상해지는 것도 있었는데, 지역 북 페어는 처음 가 본 거거든요. 에너지가 많이 다르다는 것을 체감하고 왔어요.

연다

되게 잘 된 경우죠?

[없는책]

지팡이

그렇죠. 개인적으로도 서울에서 참여했던 언리미티드 에디션 같은 페어보다 오히려 책을 더 많이 팔기는 했습니다. 물론 매출은 출판사마다 케바케ⓐ겠지만, 어쨌든 관광객이나 방문객도 엄청 많았어요. 이틀간 한 6,000~7,000명 정도였다고 하더라고요. 제가 알기로는 언리밋이 사흘간 1만 수천 명이라니까, 지역에서 열렸다는 걸 생각해 보면 되게 많은 거였죠. 내년에도 갈 수 있으면 좋겠는데, 이번에 좀 요행으로 간 것 같아서 벌써부터 떨고 있습니다. (사이) 그리고 '재미'가 아직 안 나온 것 같아서 말씀드리자면, 〈룩백〉을 최근에 봤는데 제가 기대를 너무 많이 했나 봐요.

ⓐ 'case by case'의 줄임말로, '그때그때', '경우경우'라는 뜻이며 '상황에 따라서'의 의미로 사용된다. '상바상(상황마다 다르다)', 'people by people'을 줄인 '피바피(사람마다 다르다)', '챕바챕(챕터마다 다르다)' 등으로 응용 가능하다.

연다

만화를 보고 가셨나요?

지팡이

아뇨. 책도 안 봤고 예전에 〈체인소 맨〉을 보다가 그것도 말았는데요. 그래도 포기하기는 이르다 싶어서 『안녕, 에리』를 사서 봤어요. (사이) 좀 많이 울었어요. 『안녕, 에리』는 만화책으로 봤고 『룩백』은 아직 안 봤으니까 동일선상에서 비교할 수 없겠지만 책도 봐 보고 싶다는 생각이 들었어요. 〈체인소 맨〉도 다시 봐 보고 싶더라고요. 다 같은 작가 작품이에요. 아무튼 최근에 본 것 중에 재밌었습니다. 예. 북클럽 시작하시죠.

윤수

그럼 북클럽을 본격적으로 시작해 보겠습니다. 제가 메일로 책 소개를 보내드렸었는데요. 모인 김에 간단하게 다시 한번 소개드리자면, 이번에 저희가 다룰 책은 본문이 없는 책입니다. 저는 이런 책을 처음 봤어요. 본문이 없고 부속물로만 구성되어 있는데 넣을 수 있는 부속물은 다 넣으려고 한 것 같아요. (사이) 그래서 도비라들,ⓑ 보통 도비라라고 하죠, 그리고 판권면 그리고 헌사, 추천사, 그리고 한마디씩 쓰여 있는 페이지가 있을 때가 있잖아요. 그걸 제사라고 하더라고요. 제사, 그리고 지도, 인물 소개, 차례, 도판 차례, 일러두기, 그리고 서문이 있습니다. 그리고 본문이 없고, 뒷부속물로 에필로그죠, 후기, 그리고 감사의 글, 그리고 참고 문헌과 더 읽을 만한 문

[없는 책]

헌, 미주, 도판 출처, 색인이 있습니다. (사이) 그리고 책 형식도 좀 과하다 싶을 정도로 잡은 느낌이에요. 양장이고요. 띠지가 있고 재킷이 있고 싸바리가 있습니다. 면지가 있고 가름끈도 있습니다. 삽지도 있더라고요. (사이) 일단 부속물로만 구성된 책이니까 부속물 이야기를 간단하게 해 볼까요? 여러분들은 어떤 부속물이 이 책에서 인상적이었는지, 그리고 편집자로 작업할 때 신경 쓰는 부속물이 있는지 궁금하더라고요. (사이) 저는 개인적으로 색인을 좋아합니다. 색인은 제2의 차례라고 생각해요. 책을 다시 한번 전부 해체했다가 가나다순으로 다시 정리한 거잖아요. 그래서 색인 읽는 게 재밌더라고요. 작업하는 것도 좋아하고요. 근데 너무 힘듭니다. 분명히 통일해 놓은 것 같은데 인물명이 통일이 안 되어 있기도 하고요. 그런 걸 색인 작업하면서 잡아내기도 하죠. 용어 색인도 꼼꼼하게 하는 책들 보면 하위 색인을 또 따로 달잖아요. 그 정도로 색인 작업을 하면 책한테 얻어맞는 느낌이 들어요. 그리고 공을 들이는 정도에 비해서 사람들이 꼼꼼히 보지 않는 곳이잖아요. 근데 그게 또 좋기도 해요. 어차피 안 보니까……. 본문이 다 확정이 되어야 색인 쪽 번호가 나온다는 점도 좋고요. 그래서 저는 색인에 약간 집착을 하는 편입니다. 다든 님은 어떠신가요?

[6회]

다른

좋아하는 건 아니고, 신경 쓰게 되는 건 도판 출처인 것 같아요. 특히 요새는 출처를 찾기 힘든 이미지들이 되게 많잖아요. 인터넷 어딘가에서 떠다니는 사진들이라든가……. 그런 것들을 처리하는 게 은근히 시간을 엄청 많이 잡아먹는데, 근데 그렇게 몇 시간 동안 출처를 찾고 저작권자 허가를 구하고 여차저차해서 결국 맨 뒤쪽에 한 줄 적고 끝나잖아요. 아까 색인 말씀하신 거랑 비슷하게 공력이 필요한 정도에 비해서 사람들이 알아주지 않는 일인데, 그렇다고 대충 했다가 틀리면 큰 문제가 될 수도 있는 일이라 쉽게 넘어갈 수도 없어요. (사이) 소소하게 좋아하는 건, 이건 부속물이라고 말할 수 있을지 애매하지만, 하시라⊙ 디자인 고르는 일? 예술 분야의 실험적인 도서가 아닌 이상에야 본문 디자인의 그 정형화된 형태에서 크게 벗어나게 구성하기가 어렵잖아요. 그래서 그나마 자유로운 하시라 디자인을 가지고 책마다 자그마한 변형을 주면서 즐거워하는 것 같아요. 오로지 님은 혹시 있으신가요?

⊙ 하시라(はしら) 보통 책 안에 어디에나 있잖아요, 쪽 번호와 같이. 가끔은 책의 일부분을 '꾸밈'으로 동아서 디자이너 의뢰했다.

[없는 책]

모로지

저는 이 책에서 표 1㉠이 되게 신기했어요. 저는 원래 책 볼 때도 표 1 먼저 보고 재밌으면 표 4까지 넘겨 보고 또 재밌으면 책을 펼쳐 보는 편인데요.

윤수

저는 그냥 바로 펼쳐 버리는데. 뒤표지는 진짜 마지막에 봐요.

모로지

저는 표 1과 표 4 카피를 많이 신경 쓰는 편이에요. 표 1에서 생각한 이미지가 표 4의 카피랑 잘 매치가 되는지요. 띠지가 있다면 표 1에도 카피가 있겠지만, 일반적으로는 표 4에 메인 카피가 있으니까요. (사이) 만들 때는 서문을 되게 신경 쓰는데요. 크로스 교정㉡을 볼 때에도 보통 서문을 꼼꼼하게들 보기 때문에……털리기㉢ 쉽죠. 그래서 그런 것도 있고요. 논픽션 같은 경우에는 서문이 대체로 있는데, 소설에는 서문이 잘 없잖아요. 근데 고전

[6회]

소설이나 해외소설에는 서문이 있기도 하거든요. 예전에 학교에서 수업 들을 때 서문이 작품 들어가기 전에 자신의 소리를 낼 수 있는 유일한 곳이자 처음 나오는 곳이라서 작가가 엄청 신경 쓰는 곳이고, 서문만 봐도 그 작품의 깊이를 알 수 있다고 교수님이 그러셨는데요. 그래서 그런지 좀 더 의식해서 보게 되나 봐요. 제가 담당하는 책도 모든 독자들이 나처럼 서문에 집중해서 보지는 않겠지만, 그래도 보통은 스르륵 펼쳐 볼 때 나오는 게 서문이니까, 더 신경 쓰게 되더라고요.

연다

전 마감하기 전에 차례 강박이 좀 있기는 하거든요. 일단 쪽수 맞추는 일이요. 인디자인에서 자동으로 맞추는 기능이 있는 것 같은데 그래도 이상하게 세 번, 네 번 체크하게 되는 강박이 있어요. 그리고 또 다른 방향으로는 차례의 장이나 부 제목들에 신경을 쓰는 것 같아요. 차례만 봐도 어떤 내용인지 한번에 파악이 되어야 한다고 생각해서요. 처음 편집을 배울 때 선배들에게 차례는 책의 지도라고

> 장(章)들이 시작하는 쪽이 차례에 표기된 쪽 번호와 맞춰지면 심리는 안정.
>
> 어도비 인디자인(Adobe InDesign), 출판계에서 주로 사용하는 편집 프로그램.

[없는 책]

배워서, 그 지도를 잘 만들어 놓는 게 중요하다고 느끼는 것 같아요. 물론 다른 부속들도 다 중요한데, 굳이 하나 골라서 품을 들이자면, 네, 차례를 많이 신경 씁니다. (사이) 그리고 독자로서는 색인이 너무 좋은데 작업할 때는 진짜 지긋지긋해요. 너무 싫어요. 혼자 하는 건 너무 지치고 힘들 때도 있어서 동료들에게 도와 달라고 부탁하기도 해요. 이게 언제나 생각보다 시간을 많이 잡아먹어요. 색인만 3~4일 한 적도 있거든요. 색인 때문에 밤을 새우거나 막 이랬던 적이 있어서인지 색인이 참……. 그래서인지 색인이 잘 되어 있는 책을 보면 너무 고맙죠. 독자 입장에서는 되게 도움이 되는 정보이기 때문에…….

윤수

히구치 님은 조금 다를 수도 있겠다는 생각이 드네요. 만화책이랑 일반 단행본은 부속물이 좀 다를 것 같고요. 본문이 엄청나게 중요한 분야일 것 같아요.

히구치

사실 저는 헌사, 추천사, 제사, 지도, 인물 소개, 도판 차례, 일러두기, 서문 중에서 아무것도 해 본 적이 없어요. 뒷부속물도 거의 안 해 봤는데요. 얼마 전에 제가 비(非)만화를 처음 해 봤어요. 각주라는 걸 제대로 해 본 적이 없는데 그 책에 각주가 한 200개는 달려 있었어요. 처음 하는 일이라서 일단 하나하나 체크했습니다. 그게 다 작품명, 저자명, 연도, 이런 정보들이어서 틀리면 안 되는 것들이더라고요. 그래서 그 작업을 하면서 솔직히……책이라는 게 그렇잖아요. 독자는 책에 틀린 정보가 절대 없을 거라고 믿어요. 그래서 사소한 정보라도 하나하나 체크하는 게 되게 힘든 일이구나 싶었어요. 편집자로서 유난히 신경 쓰는 부속물은 도비라, 장 도비라인 것 같아요. 장 도비라를 예쁘게 만드는 작업을 되게 좋아해요.

윤수
신경을 많이 쓰시는군요.

히구치
만화에는 그림이 있으니까, 예쁘게 그려진 컷을 하나 가져온 뒤 농도를 낮춘 다음에 배경에 깔아 달라고 한다거나. 그런 식으로 장 도비라를 재밌게, 예쁘게 만들어 보려고 하는 편이에요. 디자이너님한테 '쓸 수 있는 그림이 이렇게 있는데 그냥 타이포만 하실 건가요?' 하면서 은근히 요청하는데, 다들 그림이라는 소스가 있으니까 재밌게 만들어 주시더라고요. 만화를 디자인해 본 경험이 많지 않으셔도 재밌게 도전적으로 해 주시고요.

윤수

또 그런 재미가 있겠네요. 지팡이 님은 어떠신지요?

지팡이

저는 독자로서는 아까 오로지 님이 말씀하신 서문을 재밌게 읽습니다. 그리고 학술서랄지 묵직한 역서라면 일단 옮긴이의 말을 먼저 읽고 본문에 들어가는데요. 보통 옮긴이가 이 분야의 전문가일 때가 많기 때문에, 해제를 따로 붙이는 경우도 있지만, 옮긴이의 말도 약간 해설하듯이 가이드라인을 잡아 주는 경우가 있어서요. 먼저 재밌게 읽는 편이고요. 또 시집에서도, 저는 시집을 다 읽어도, 특히 요즘 시집은 진짜 뭔 말인지 모르겠는데, '시인의 말' 하나가 너무 좋을 때가 많아요. 혹은 출판사마다 저자 소개도 조금 색다르게 할 때도 있는데요. 그런 것도 재미있을 때가 있어요. (사이) 그리고 제가 만든 책에는 편집 후기 혹은 코멘터리를 꼭 씁니다. 책이 저자만의 것이 아니고 편집자도 같이 만든다는 의미인데요. 짧게나마 책을 만들 때의 소회랄지 만들고 나서의 소회랄지 저자와 있었던 일화랄지 뭐 이런

[6회]

것들을 조금 녹이는 편이에요. 그런 부분을 제가 만드는 책에서는 신경을 많이 쓰는 것 같아요.

연다

책에 싣는 건가요?

지팡이

네, 맨 뒤에요.

윤수

네, 마지막으로 지호 님은요?

지호

저는 판권면이요.

윤수

판권은 진짜 중요하죠. 판권면에 오탈자 나오면 바로 스티커 붙여야죠. 진짜 돌이킬 수 없는 최악의 오탈자…….

지호

다행히 그런 적은 없는데, 저도 한 번 사고를 쳤던 적이 생각나네요. 제가 번역서를 작업했었는데요.

윤수

그럼 판권 승인을 받잖아요?㉠

지호

그러니까 해외 판권은 당연히 승인받으면 되는 건데요. 그전에 국문 판권, 맨 뒤에요. 거기에 실어야 될 걸 안 실었어요. 그래서 양해를 구했어요. 무엇을 안 실었냐면, 이거 너무 부끄러운데, 역자 소개를 안 실었어요. 번역서인데……. 욕심이 과해서 앞날개, 뒷날개에다가 홍보 콘텐츠를 가득 싣고, 역자 소개는 내지㉡에 실어야지 했는데, 또 내지도 편집하다 보니까 판권면이 가득 찼고 신경을 못 쓰는 바람에……. 책이 나왔는데 역자분이 말씀해 주신 거죠.

㉠ 판흐사의 법적 책임이 따라 저작권 정보를 책에 기입해야 하며, 보통은 저작자의 이름 저작권자에 속하여야 한다.

㉡ 內紙. 책에서 표지 안쪽의 종이. 표지와 대조하여 부르는 것이다. 무당이라고도 한다.

히구치

역자 소개를 안 실으면 큰일 나요?

[6회]

지호

큰일 나는 건 아니지만 그분이 열심히 작업해 주셨는데 너무 죄송하죠. 근데 역자분이 천사처럼, 재쇄를 찍으면 넣어 달라고 하셨고요. 다행히 재쇄를 찍었습니다.

윤수

참 다행이네요.

지호

저는 커리어 초반에는 항상 판권면을 펼쳐 보는 버릇이 있었어요. 좀 시샘하는 마음으로. 이 책은 몇 쇄를 찍었지? 그리고 초쇄와 중쇄 발행일 간 날짜가 밭으면 이거 왜 이렇게 빨리 찍었지? 이렇게 궁금해했던 것 같고요. 또 혹시 내가 아는 사람이 여기 스태프 중에 있나? 어쩌다 한 번 우연히 그렇게 발견되면 너무 반가울 수가 없고. 항상 판권면이 참 애틋해요. 편집자로서 작업할 때도, 저는 디자이너는 아니지만, 판권면을 디자이너가 어떻게 구현해 줄까 궁금해요.

윤수

판권은 근데…….

[없는 책]

지호

그렇죠, 정해진 틀이 있죠. 그런데 어떤 책들은 윗부분을 비우고 아랫부분을 채우고, 어떤 책들은 또 반대인 경우도 있고, 글자 뭉텅이들을 좀 멀리서 보면 이미지처럼 보이기도 하거든요. 그래서 판권면을 나름 자신만의 영역으로 삼고 실험을 펼치는 분들도 있더라고요. 그런 시도를 유심히 보는 편이에요. 왜냐하면 판권면은 부속물들 중에서 유일하다고나 할까요? 한 페이지 안에서 어떻게든 해결을 해야 되잖아요. 아무리 내용이 많아도요. 그게 저는 재밌어요. 그런 한계를 어떻게 이용했을까 하는 궁금증이 있어요.

히구치

가끔 판권면에 바코드가 들어간 책 있는 거 아세요? 그러니까 표지에서 바코드를 빼는 대신에 판권에 바코드를 넣은 거예요. 바코드가 아무튼 상품의 표시잖아요. 그런데 바코드까지도 디자이너가 책에서 걷어 내고 싶었는지, 바코드의 위치를 아예 그렇게 이동해서 내놓은 경우가 있더라고요. 저도 이렇게 해도 되나 싶었는데, 아무래도 직접 바코드를 찍어야 할 일이 있을 때 바코드를 따로 찾아야 할 테니 서점에는 미리 이야기를 해 두어야겠죠. 좀 특수하다고요.

[6회]

연다

만화는 다 포장되어 있지 않아요?

히구치

맞아요. 래핑해서 유통해요. 그러니 저는 그런 일 할 수 없죠. 뭔가 예술서라든지, 실험적인 책들에서 봤어요. 아니면 가끔 세네카①가 두꺼운 책은 바코드를 세네카에 넣기도 하더라고요.

윤수

맞아요. 몇 번 본 것 같아요. 부속물 이야기 너무 재밌네요. 그러면 진짜 『없는 책』이야기를 간단하게 해 보겠습니다. 우선 본문이 없다는 것에 대해서 이야기해 보면 좋을 것 같은데요. 오로지 님은 어떻게 보셨나요?

오로지

제가 이해한 바가 맞다면, 극단적으로 말해서 세상에 이제 새로운 이야기는 없다고 생각합니다. 대신 새로운 편집은

[없는 책]

있다고 봐요. 쉽게 말하면 약간 파생 상품 같은 거라고 보는데, 오리지널 상품은 이미 견고하게 무엇인가가 있고요. 여기에서 어떻게든 소스를 꺼내서 새롭게 재해석을 한다든지 자기만의 이야기를 하는 것, 그런 것만 남았다고 생각해요. (사이) 그래서 이렇게 본문이 없는 책이 독자 입장에서 굉장히 충격적일 텐데요. 독자는 본문을 보기 위해서 책을 꺼낼 테니까요. 하지만 '이제는 본문이 중요하지 않다', '본문을 보고, 그것도 다 보고 좋다고 평가하는 사람도 적어졌다', 조금 더 나가면 '바이럴이 넘치는 세상에서 입소문이라는 건 허상이 아닌가?' 이런 생각을 조금 비틀어서 표현하기 위해서 이런 방식을 취하지 않았을까 싶었습니다. (사이) 아까 말씀하신 것처럼 표 1을 보고, 펼쳐 보고, 사는 사람도 있는 한편, 이미 산 다음에 처음 보는 사람도 있거든요. 예전 같았으면 책이 잘 읽히기 위한 상품이어야 했는데 이제는 그냥 상품으로서의 상품이 되어 버렸다는 것을 표현하려고 의도적으로 비워 놓지 않았을까 합니다. 한편으로는 또 날먹⑨이라는 생각도 했어요. 하지만 세상에는 이미 날로 먹는 사람들이 굉장히 많고 날로 먹는 콘텐츠도 많기 때문에, 이 책 또한 가능하지 않나 싶었고요. 그래서 저는 본문이 없는데도 가격이 조금 비싼 것이 놀랐어요. 약

⑨ 날로 먹는다. 힘들이지 않고 큰 노력 없이 이룬 결과를 얻다.

[6회]

간 일종의 힙스터의 아이템처럼, 아니면 돌판의 굿즈처럼 콘셉트를 잡은 건 아닐까 생각을 했고요. (사이) 그리고 이 책의 저자, 혹시 저자가 있을까요?

윤수

그러게요. 이 책에는 본문이 없잖아요. 저자가 있을까요? 아니면 편집자랑 디자이너만 있었을까요?

오로지

예전에는 그래도 저자라는 개념이 어느 정도 정해져 있는 느낌이었잖아요. 그러니까 저자가 있고, 저자를 지원하든 협업하든 하는 사람들이 있었는데요. 이제는 편집자도 다 저자가 될 수 있고 디자이너가 저자가 될 수도 있고 편집자가 디자이너가 될 수도 있는 세상이에요. 그러니까 사실상 그 경계가 좀 허물어진 때라고 생각하거든요. (사이) 이 책을 만든 사람은 어쨌든 존재하잖아요. 창조한 사람은 있는데요. 누구나 저자가 될 수 있는 이 세상에서 그 '누구나'가 되고 싶지 않다는 바람의 흔적 같아서 인상적이었어요. 나는 남들이 다 하는 것은 되고 싶지 않다는 거겠죠. 남들이 다 따라가는 길을 한 번쯤은 비틀어 주거나 변형하고 싶다는 마음의 일환이 아니었을까 싶고요. 이 책은 오히려 편집자와 디자이너를 저자로 볼 수 있지 않을까 싶습니다.

윤수

연다 님은 어떠셨나요?

연다

한참 생각했거든요. 어떤 인물에 대한 평전인 것 같다는 말에 좀 꽂혀 가지고 도대체 어떤 인물에 대한 평전일까 하고 생각해 보았는데, 그런 생각이 들었어요. 출판사에서 일하면 책을 내 달라는 사람들의 투고가 정말 많이 들어오잖아요. 근데 그중에, 물론 좋은 원고일 때도 있지만, 한 90퍼센트 이상은 아쉬운 원고들이거든요. 왜 여기로 투고를 하셨을까 싶은 원고도 많아요. 언제인가 이 북클럽에서 그런 이야기를 한 적 있잖아요. 모두가 저자가 되고 싶어 한다는 말이요. 혹시 그런 욕망을 분출하라는 책인가, 하는 생각이 들었어요. 본문이 백면⁽¹⁾이지만 그걸 채울 수도 있고요. 이미 나머지 부속물들이 잘 갖춰져 있으니까, 자기가 쓰고 싶은 이야기나 자기 삶을 내놓고 싶어 하는 사람들이 그 이야기를 씀으로써 완성되는 책이 아닐까요? 모두가 쓰고 싶어 하는 이 시대를 그런 식으로 표현하면서 제시한

⁽¹⁾ 책에서 아무것도 없는 아닌 면. 본문은 저작물의 안쪽 면에서 시작하지만, 요즘에는 앞뒤 백면인 책도 많이 볼 수 있다.

[6회]

책이 아닐까 하는 생각을 해 봤습니다.

윤수

그러면 잠깐 책의 형태나 디자인에 대해서도 살펴보겠습니다. 다든 님이 전직 디자이너셨는데요. 디자인 측면에서 재밌게 보셨는지, 아니면 좀 아쉬웠던 부분이 있었는지요? 그리고 오로지 님은 책값이 좀 비싸다고 하셨는데요. 디자이너가 아무래도 제작과 깊은 관계를 맺는 사람이다 보니 제작비를 생각하지 않을 수가 없을 텐데, 가격에 대해서도 짧게 의견을 말씀해 주세요.

다든

우선 이번 책처럼 이렇게 양장에 띠지까지 있거나 부속물이 많은 책을 보면, 출판 일을 하기 전에는 '예쁘다!' 이렇게만 생각했는데 지금은 '와, 돈 많이 들었겠다', 아니면 그냥 '너무 힘들었겠다'는 생각이 들어요. 특히 본문은 이 하나하나를 다 다르게 디자인해야 되는 거잖아요. 하다못해 각주랑 미주 표기도 약간씩 다르게 하면서 전부 통일성이 유지되도록 신경 써야 하는데요, 아까 여러 분이 말씀하셨듯이 읽는 사람은 사실 대부분 신경 안 쓰는 부분이거든요. 그런데 이게 약간 집안일처럼 잘 해 두면 눈치 못 채고 지

나가지만, 안 하면 또 티가 나요. 이 책은 그런 점에서 다양한 부속물을 조화롭게 잘 디자인한 것 같다고 생각했고요. 가격은 사실……디자이너는 신경을 많이 안 써요. 오히려 디자이너는 요구하죠. 박㉠을 넣으면 너무 예쁠 것 같다, 형압㉡을 하면 너무 잘 어울릴 것 같다……. 안 된다고 하는 것은 보통 편집자죠. 디자이너가 띠지를 해야 한다고 하면 편집자가 돈이 많이 드니까 띠지를 표지 디자인으로 박아 버리자고 하는 식이에요. 이 책은 아마 표지 디자이너분이 하고 싶은 걸 다 하셨을 것 같아요. 양장에 박에 형압에 띠지까지 있으니까요.

윤수

신경 쓸 게 많았겠지만 그만큼 재미도 있었을 것 같아요. 지질이 다 다른 게 또 재밌더라고요.

다든

종이 하니까 생각난 건데, 이건 약간 다른 이야기지만, 제가 일 시작하고 초기에 놀랐던 사실이 있어요. 저는 많이 팔리는 책은 당연히 좋은 종이를 쓰고 안 팔리는 책은 좀 후진 종이를 쓰지 않을까 하고 생각했는데 반대더라고요. 잘 팔릴 책은 어차피 빨리 나가니까 종이가 크게 상관이 없지만, 창고에 오래 묵힐 것 같은 책은 어쩔 수 없이 좋은 종이를 써야 하고……. 어쩐지 슬퍼지는 현실을 깨달았더랬지요.

윤수

그럼 곁가지로 혹시 좋아하는 본문 용지가 있으신가요?

다든

저희 회사는 보통 쓰는 용지가 정해져 있어서, 여러 용지를 많이 써 보진 못했어요. 제가 좋아하는 거는 그냥 소설책에서 많이 쓰는 두꺼운 미모ㄷ요. 미모 100ㄹ까지 가면 좋은데 그건 무거우니까 잘 안 쓰죠. 도판 들어가면 잉크가 많이 묻으니까 뒤에 안 비치게 미모 100을 쓸 때가 있기는 해요.

[ㄷ] 미색 모조지.

[ㄹ] 종이 무게를 나타내는 단위. 단위는 제곱미터당 그램(g/㎡)이다. 예컨대 미모 80은 제곱미터당 무게가 80그램인 미색 모조지를 뜻한다.

[없는 책]

윤수

저희는 책등 보고 결정해요. 책 두께가 너무 안 나오면 볼품없어 보이니까요. 책이 너무 얇다 싶으면 두꺼운 걸 쓰고 500~600쪽 되는 두꺼운 책은 얇은 거 쓰고요. 근데 요즘 종잇값이 많이 올랐더라고요. (사이) 미안한 마음이 들어요.

지팡이

누구한테요?

윤수

지구……. 지팡이 님이 독립출판에 몸담고 있잖아요. 이게 너무 거친 분류일 수도 있는데, 독립출판이 있고 상업출판이 있다면, 이 책은 어느 쪽에서 나왔을까요?

지팡이

뭐랄까……. 우선 독립출판은 도전하는 주체이고 상업출판은 설계하는 주체인가? 그런 의문이 일단 들었어요. 무엇보다 저는 아까부터 궁금했던 게, 이 책 얼마예요? 다들 비싸다고만 하고 정확한 가격은 말씀을 안 하시니까…….

지호

상대적인 거니까…….

약간의 침묵.

윤수

4만……4만 5,000원?

오로지

10퍼센트 할인해서 4만 500원…….

지팡이

일단은……말씀하셨듯이 독립이냐 상업이냐를 정의하는 것 자체가 되게 어렵잖아요. 구분하는 것도 어렵고요. 어쨌든 보통 이야기하기로는 자본으로부터의 거리로 구분할 것 같은데 상업출판이 당연히 자본하고 가깝겠죠? 근데 이런 책을 만드는 시도는 돈이 있어야 할 수 있고요. 근데 또 글쎄요, 이윤 추구라는 목적으로 보면 상업출판에서는 이런 책을 안 할 것 같고요. 사실은 처음 보는 출판사였어요. 그래서 잘 모르겠어요. 다른 작품을 못 봐서요. 출판사 정보가 없어서 잘 모르겠고, 그렇습니다.

윤수

갑자기 죄송해지네요. 그러면 히구치 님, 이 책이 과연 다른 독자들한테 재미가 있었을까요? 히구치 님은 어떠셨어요?

히구치

저는 이 책이 일단 아직도 잘 이해가 안 됩니다. 이 책을 읽으면서 느낀 개인적인 감상은 '뭐라고 해야 될지 모르겠다'입니다. 오늘 여러분들이 앞서 말씀하신 내용들을 들으니까 그때서야 이렇게 볼 수도 있구나, 이렇게 들으니까 말이 되는구나 하는 생각을 했는데요. 오로지 님이 이 책의 기획 의도가 무엇일지 설명해 주셨고 연다 님도 생각하신 해석을 들려주셨는데, 그런 의도는 이 책을 읽는 동안의 저에게 잘 느껴지지 않았어요. 그래서 저는 이 책이 일반적인, 보통의 독자를 위한 책이 아니라는 생각이 들어요. 그러니까 이 책을 읽을 사람을, 이 책이 필요한 사람이 누구일지를 구체적으로 상상하지 않고 만든 책이라고 생각했습니다. (사이) 이 책을 기획하고 편집하고 만든 사람들은 독자들이 지금 사고 싶고 필요한 게 무엇인지, 깊고 구체적으로 상상을 해 보셨을까. 이런 의도를 담았고, 이런저런 시도를 하고, 실험적으로 도전하는 기획이라고 해도, 그게 독자들에게 도착하지 않으면 어떤 좋은 의도가 담겨 있든 실패한 것이 아닌가 생각합니다. 저도 아주 평범한 일반 독자인데 저한테는 와닿지 않았습니다.

윤수

그러면 역시 이 책은 잘 안 팔렸겠죠? 지호 님은 어떻게 생각하세요?

지호

이 책은 제가 제 기준으로 봤을 때는 생각 이상으로 매우 많이 팔렸습니다. 그리고 일단 저는 너무 만족스러웠고요. 너무나 제가 기다리던 책이었어요. 판매량은 정확히 모르는데요. 저는 이 책을 온라인 서점에서 구입했고요. 발견을 했었습니다. 그 서점에서 세일즈 포인트를 봤는데, '오!' 하는 생각이 드는 정도의 지수였어요.

히구치

질문이 있습니다. 온라인 서점에서 판매가 되잖아요. 요즘 알라딘에서 밑에 보면 구매자의 연령이랑 성별이 뜨는데, 어느 연령과 어느 성별에서 가장 높았는지 확인하셨나요? 잘 팔렸다길래 궁금하네요. 저한테는 공감하기 힘든 책이었어서 이 책이 어느 독자층에게 많이 가 닿았는지 확인할 필요도 있겠다는 생각이 들고요.

지호

당연히 체크를 해야 하는데, 제가 그것까지 확인하지는 못했네요. 일단 저의 경험과 상상의 영역이겠지만, 저는 저와 비슷한 독자들이 존재한다고 생각하거든요. 그러니까 오로지 님 말씀처럼, 텍스트를 읽지 않아도 느껴지는 책의 아우라라고나 할까요? 그게 표지일 수도 있고 또는 카피일 수도 있고 형태일 수도 있는데요. 이 책은 다양한 조형미와 여러 레퍼런스들을 모아 놓아서, 제가 편집자로서 또는 글을 다루는 작업을 하는 사람으로서 소장해야만 하는 책으로 느껴졌어요. 그래서 제가 이 책을 구입했을 때의 동기는 '이 책을 좋은 레퍼런스로 삼아서 책을 만들 때 참고해야지'였고요. 이런 마음을 가진 편집자들이 저는 있었을 것이라고 생각해요. 트위터에서도 이 책의 후기들을 몇 개 봤고요. 그리고 편집자가 아닌 독자들 사이에서도 책에 대한 애정이 있는 분들이 자기가 제일 좋아하는 책의 구성 요소가 무엇인지 공유하면서 약간의 바이럴도 되지 않았나 생각이 들었어요. (사이) 그런데 이 출판사는 독자에게 닿는 방법으로 마케팅을 아무것도 하지 않았습니다.

다든

미리 보기도 없었던 것 같아요.

오로지

정가가 센 편이라 아마 소량만 팔려도 BEP⊙는 금방 넘었을 것 같아요.

⊙ Break-even point. 손익분기점.

다든

히구치 님이랑 지호 님 말씀 들으면서 며칠 전에 사무실 사람들이랑 밥 먹으면서 했던 이야기가 딱 생각났는데요. 어떤 분이 저한테 본문 디자인을 아예 다 통일해 버리면 어떻겠느냐고 하시는 거예요. 그러니까 부, 장, 절, 항의 스타일을 다 정해 놓고 거기에 모두 욱여넣어서 편집 디자인의 과정을 완전히 간소화해서 책을 엄청 싼값에 팔면 그게 더 잘 되지 않겠느냐는 말이었어요. 시간과 비용을 줄일 수 있다는 거였죠. 외국 책처럼 디자인 요소 그다지 없이, 종이도 그냥 싼 종이 써서 쉽게 사서 쉽게 읽을 수 있게 하는 게 진정 독자가 원하는 바 아니겠느냐는 말씀이었어요. 그래서 독자들이 원하는 것은 내용일까, 아니면 그 책이라는 물건의 어떤 총체일까 하는 고민이 떠올랐는데요. 저는 당연히 후자라고 생각했지만,

[없는 책]

저희 사무실 분처럼 생각하시는 분들도 꽤 있을 것 같고요.

지팡이
최근에 열린책들에서 낸 〈모노 에디션〉도 비슷한 맥락에서 나온 기획이지 않을까요? 다 고전이어서 저작권을 따로 해결할 필요가 없기는 하더군요.

히구치
만화는 많이들 그렇게 해요. 특별한 책이 아니라면 시리즈 코믹스는 판형, 지종 전부 통일합니다.

오로지
그러네요, 그럼 규모의 경제겠네요.

히구치
그래서 만화책은 값이 쌀 수 있지 않나 싶어요. 그리고 만화 후속권은 빨리 나와야 되기도 하니까요. 그런 것보단 독자분들이 다음 권을 기다리고 있으니까요.

다든
아, 그러다가 애장판이 나오면…….

히구치

판형도 갑자기 팍 키우고…….

윤수

그렇군요. 오늘 『없는 책』 가지고 책 자체만이 아니라 저희가 일하는 방식 등을 또 이것저것 나눌 수 있어서 즐거웠습니다. 오늘로 북클럽은 마치겠습니다. 그동안 한 달에 한번씩 시간 내주신 것에 대해서 다시 한번 감사의 인사를 드립니다. 박수 한번 칠까요? 이렇게 북클럽을 마무리하고요. 마지막으로 자기소개를 하면 어떨까 합니다.

있지 않은 책과 북클럽 진행을 위한 질문들

이러저러한 책을 낸 어떤 작가가 앞으로는 어떤 책을 쓸까?

혹은 어떤 책을 절대로 쓰지 않을까?

지금까지 볼 수 없던 작가가 등장한다면 과연 어떤 사람일까?

그리고 어떤 글을 쓸까?

이미 출판된 책의 패러디가 있다면 어떨까?

앞으로 읽고 싶거나 만들고 싶은 책이 있다면?

앞으로는 결코 읽지 않거나 만들지 않을 법한 책이 있다면?

이 책의 디자인은 구체적으로 어떨까?

이 책에서 유난히 재미있었던 부분은?

이 책의 설정 중에서 이해가 되지 않은 부분은?

가장 마음에 들었던 구절이 있다면?

과연 누가 이 책을 볼까?

이 책은 잘 팔릴까?

가격은 싼 편일까, 비싼 편일까?

왜 이 책이 아직 없을까?

함께 읽으면 좋은 책

『2024 제15회 젊은작가상 수상작품집』, 김멜라·공현진·김기태·김남숙·김지연·성해나·전지영 지음, 문학동네, 2024.

『82년생 김지영』, 조남주 지음, 민음사, 2016.

『격자시공: 편않, 4년의 기록』, 출판공동체 편않 지음, 출판공동체 편않, 2021.

『고기자의 정체: 쓰며 그리며 달리며』, 고기자 지음, 출판공동체 편않, 2022.

『고래』, 천명관 지음, 문학동네, 2004.

『괴수 8호』, 마츠모토 나오야 지음, 유유리 옮김, 서울문화사, 2020~.

『금붕어의 철학: 알튀세르, 푸코, 버틀러와 함께 어항에서 빠져나오기』, 배세진 지음, 출판공동체 편않, 2025.

『김수영을 위하여: 우리 인문학의 자긍심』, 강신주 지음, 김서연 만듦, 천년의상상, 2012.

『나의 쓰지 않은 책들』, 조지 스타이너 지음, 고정아 옮김, 서커스, 2019.

『논리철학논고 / 철학탐구 / 반철학적 단장』, 루트비히 비트겐슈타인 지음, 김양순 옮김, 동서문화사, 2016.

『누아르의 타자들』, 강봉래 지음, 출판공동체 편않, 2025.

『당신 인생의 이야기』, 개정판, 테드 창 지음, 김상훈 옮김, 엘리, 2016.

『데미안』, 헤르만 헤세 지음, 전영애 옮김, 민음사, 2000.

『도둑맞은 집중력: 집중력 위기의 시대, 삶의 주도권을 되찾는 법』, 요한 하리 지음, 김하현 옮김, 어크로스, 2023.

『뒷담 클럽: 출판인 32명의 이야기』, 지겨울 외 31명 지음, 김운율 외 31명 편집, 끝책, 2024.

『룩백』, 후지모토 타츠키 지음, 학산문화사, 2022.

『먼작귀: 먼가 작고 귀여운 녀석』, 나가노 지음, 미우(대원씨아이), 2022~.

『물고기는 존재하지 않는다: 상실, 사랑 그리고 숨어 있는 삶의 질서에 관한 이야기』, 룰루 밀러 지음, 정지인 옮김, 곰출판, 2021.

『미디어 권력과 민주주의』, 니콜 L. 올드먼 지음, 이청년·박노인 옮김, 천장지구, 2000.

『믿기자의 고심: 기자는 많은데, 언론은?』, 믿기자 지음, 출판공동체 편않, 2023.

『박소영의 해방: 너머의 미술』, 박소영 지음, 출판공동체 편않, 2024.

『박정환의 현장: 다시, 주사위를 던지며』, 박정환 지음, 출판공동체 편않, 2022.

『百의 그림자』, 황정은 지음, 창비, 2022.

『번역과 폭력』, 티펜 사모요 지음, 류재화 옮김, 책세상, 2023.

『보(지 않)는 것: 혹은 보이(지 않)는 것』, 게리 키드먼 지음, 이청년·박노인 옮김, 천장지구, 2016.

『보건교사 안은영』, 정세랑 지음, 민음사, 2020.

『사물과 비사물: 현상학적 소묘』, 빌렘 플루서 지음, 김태희·김태한 옮김, 필로소픽, 2023.

『사카모토 데이즈』, 스즈키 유우토 지음, 대원씨아이, 2021~.

『상실의 시대』, 무라카미 하루키 지음, 유유정 옮김, 문학사상사, 2000.

『세상에서 가장 평범한 권수현 씨』, 윤현수 지음, 말로프레스, 2024.

『세이노의 가르침: 피보다 진하게 살아라』, 세이노 지음, 데이원, 2023.

『소크라테스 익스프레스: 철학이 우리 인생에 스며드

는 순간』, 에릭 와이너 지음, 김하현 옮김, 어크로스, 2021.

『손정빈의 환영: 영화관을 나서며』, 손정빈 지음, 출판공동체 편앙, 2022.

『솔미레』, 윤현수 지음, 말로 프레스, 2022.

『수많은 내가 다른 곳에 살고』, 애리 지음, 출판공동체 편앙, 2023.

『숨』, 테드 창 지음, 김상훈 옮김, 엘리, 2019.

『아, 입이 없는 것들』, 이성복 지음, 문학과지성사, 2003.

『안녕, 에리』, 후지모토 타츠키 지음, 김시내 옮김, 학산문화사, 2023.

『알레프』, 호르헤 루이스 보르헤스 지음, 송병선 옮김, 민음사, 2012.

『알렉시·은총의 일격』, 마르그리트 유르스나르 지음, 윤진 옮김, 문학동네, 2017.

『어린 왕자』, 앙투안 드 생텍쥐페리 지음, 황현산 옮김, 열린책들, 2015.

『없는 책』, 서브프레스, 2024.

『엑스브이우스』, 에리아크 서맥 지음, 랑그에파롤, 2024.

『예상 표절: 문학과 예술의 전통적 연대기를 전복하

여 무한히 확장된 독서의 세계로 빠져들다』, 피에르 바야르 지음, 백선희 옮김, 여름언덕, 2010.

『오학준의 주변: 끊임없이 멀어지며 가라앉기』, 오학준 지음, 출판공동체 편않, 2024.

『우리 안의 이방인, 신, 괴물』, 니콜 L. 올드먼·게리 키드먼 지음, 이청년·박노인 옮김, 천장지구, 2024.

『우리는 결코 휴먼이었던 적이 없다』, 니콜 L. 올드먼 지음, 이청년·박노인 옮김, 천장지구, 2005.

『우리는 이것을 꿈의 수정이라고 생각했다』, 혹시몰라 지음, 출판공동체 편않, 2023.

『우연성, 아이러니, 연대』, 리처드 로티 지음, 김동식·이유선 옮김, 사월의책, 2020.

『원피스』, 오다 에이치로 지음, 대원씨아이, 1997~.

『이기적 유전자』, 리처드 도킨스 지음, 홍영남·이상임 옮김, 을유문화사, 2018.

『이방인, 신, 괴물: 타자성 개념에 대한 도전적 고찰』, 리처드 커니 지음, 이지영 옮김, 개마고원, 2004.

『인간. 다음』, 박노인 외 지음, 천약유정, 2020.

『인간과 비인간』, 게리 키드먼 지음, 이청년·박노인 옮김, 천장지구, 2012.

『인생』, 위화 지음, 백원담 옮김, 푸른숲, 2023.

『읽지 않은 책에 대해 말하는 법』, 개정판, 피에르 바야르 지음, 김병욱 옮김, 가디언, 2024.

『잡설품』, 박상륭 지음, 문학과지성사, 2008.

『제5도살장』, 커트 보니것 지음, 정영목 옮김, 문학동네, 2016.

『제텔카스텐: 슬기로운 메모 생활』, 개정판, 숀케 아렌스 지음, 김수진 옮김, 인간희극, 2023.

『책에 대한 책에 대한 책』, 금정연·김보령·김지원·노지양·서성진·서해인·심우진·양선화, 출판공동체 편않, 2023.

『취향을 설계하는 곳, 츠타야: 혁신의 아이콘 마스다 무네아키 34년간의 비즈니스 인사이트』, 마스다 무네아키 지음, 장은주 옮김, 위즈덤하우스, 2017.

『코스모스』, 칼 세이건 지음, 홍승수 옮김, 사이언스북스, 2006.

『콘택트』, 칼 세이건 지음, 이상원 옮김, 사이언스북스, 2001.

『타자 사회』, 이청년 지음, 천약유정, 2004.

『패밀리 레스토랑 가자. 上』, 와야마 야마 지음, 현승희 옮김, 문학동네, 2024.

『픽션들』, 호르헤 루이스 보르헤스 지음, 송병선 옮김,

민음사, 2011.

『현대 한국어로 철학하기: 철학의 개념과 번역어를 살피다』, 신우승·김은정·이승택 지음, 메멘토, 2022.

『황보람의 저니: 영원한 퇴사』, 황보람 지음, 출판공동체 편않, 2023.

『휴먼의 종말』, 이청년 지음, 천약유정, 2010.

김다연(다든)

인문·철학 출판사에서 책을 편집하고, 종종 디자인하기도 한다. 책도 좋고 영화도 좋지만 어째서인지 책의 영화화에는 그다지 흥미가 없다. 최근 가장 인상 깊게 본 영화는 〈나미비아의 사막〉. 다홍색 표지가 매력적인 『필로우 맨』(마틴 맥도나 지음, 서민아 옮김, 을유문화사, 2024)을 읽고 있다.

김윤우(윤수)

출판공동체 편않에서 기획 및 편집 등을 맡고 있다. 크지도 작지도 않은 출판사에서 편집자로 일한다. 이상한 사람들이 문자화되지 않은 이야기를 돌아가며 나누는 이야기인 『문자 살해 클럽』(시기즈문트 크르지자놉스키 지음, 서정 옮김, 난다, 2024)을 읽고 있다.

김해인(히구치)

만화 편집자. 한국 만화, 일본 만화, 웹툰 단행본 등 구분 없이 만화책을 만든다. 병렬 독서를 통해 현재 읽고 있는 책은 『괴물들: 숭배와 혐오, 우리 모두의 딜레마』(클레어 데더러 지음, 노지양 옮김, 을유문화사, 2024), 『아카기』(후쿠모토 노부유키 지음, 서울미디어코믹스, 2016).

출판사 스위밍꿀에서 에세이 『펀치: 어떤 만화 편집자 이야기』(2024)를 냈다.

성기병(지호)

5인 미만의 작은 출판사부터 1년에 100종 이상을 내는 큰 출판사까지 여러 곳의 출판사를 거쳐 지금의 회사에 정착해 책을 만들고 있다. 눈여겨본 예비 저자에게 출간 제안 메일을 보낼 때가 가장 두렵고 설렌다. 지금은 예비 저자의 책 『급진의 20대』(김내훈 지음, 서해문집, 2022)를 읽고 있다.

안형욱(오로지)

알면 알수록 모르는 게 많아지는 세계에서 깊이를 갖기 위해 부단히 애쓰고 있다. 갖가지 이야기에 관심이 많아 갖가지 분야의 책을 만들었고, 만들고 있으며, 만들 예정이다. 밀리의서재에서 전자책 『신랄하고 다채로운 고전의 맛』(2024)을 냈다. 『그녀를 지키다』(장바티스트 안드레아 지음, 정혜용 옮김, 열린책들, 2025)를 읽고 있다.

이다연(연다)

출판노동자. 노동자로서는 인문·사회를, 독자로서는

문학을 조금 더 좋아한다. 소수자 문제, 특히 퀴어 관련 도서의 종수가 늘어나는 데 일조하고 싶다. 비스와바 쉼보르스카의 『끝과 시작』(최성은 옮김, 문학과지성사, 2016)을 읽고 있다.

지다율(지팡이)

출판공동체 편앞에서 책을 만들며 저널리즘스쿨 오도카니를 운영하고 있다. 언제 샀는지, 『사랑과 자본』(메리 게이브리얼 지음, 천태화 옮김, 모요사, 2015)을 이제야 읽기 시작했다. 언젠가, 우리는 『자본』을 통과(痛過)할 수 있을까.

디자이너 기경란

출판공동체 편앞에서 기획 및 디자인을 맡고 있다. 그리고 또 어딘가에서 북디자인을 하고 있다. 『랭스로 되돌아가다』(디디에 에리봉 지음, 이상길 옮김, 문학과지성사, 2021)를 읽고 있다.